弱さをさらけだす勇気

Shuzo
Matsuoka
松岡修造

講談社

はじめに　弱さがあるから、僕たちは強くなれる

こんにちは！　松岡修造です。

まず、質問させてください。

あなたは、「強い」ってどういうことだと思いますか。

「強い」を辞書で調べると、「力が優れている。気丈で屈しない。心がしっかり定まって動かない」などと出ています。身近なことでいえば、勉強やスポーツや仕事でいつもいい結果を出し、プレッシャーやイライラをはね返し、一度決めたら何があってもあきらめずにやり遂《と》げる。それが「強い」ということだといえるかもしれません。

でも、そんな強い人、世の中にいったいどれだけいるのでしょうか。

逆に、「弱い」とはどういうことでしょう？

辞書には、「力や能力が劣《おと》っている。忍耐力がとぼしい。心がぐらつきやすい」などと出ています。思うような結果を出せない、プレッシャーに押しつぶされやすい、思いどおりにならないとイライラする、ものごとがうまくいかないとすぐにあきらめてしまう……そうした心のあり方を「弱い」というのだと思います。でもこれって、誰でも経験することですよね。はっきり言いましょう。僕のなかでは、「弱さOK！」なんです。

「僕は、大事な場面でいつも失敗してライバルに負けちゃう」
OK！
「私って、うまくいかないとすぐ投げ出しちゃう。なんで忍耐力がないんだろう」
OK！

なぜなら、そう思うのはひとつの〝気づき〟だからです。自分の弱さに気づき、弱さとして認めることができている。それはむしろ、あなたが「成長している」という証拠なのだと僕は思います。

弱さは、悪いことでもダメなことでもありません。自分を成長させる第一歩です。

僕自身の体験でも、たくさんの〝弱さの気づき〟がありました。それが自分を成長させ、心を強くしていく力になってくれました。

弱さは見せていいんです。むしろ、さらけだしてしまったほうがいい。そんな弱さがあるからこそ、乗り越えたとき僕たちは強くなれる――。僕はそう確信しています。

本書では、さまざまなアスリートや僕自身の経験を紹介しながら、心の弱さとの向き合い方や、乗り越えていくための方法をお話ししていきます。それらをヒントに、自分流にアレンジして、あなたにいちばん合ったやり方を見つけてください。

自分の弱さを「イヤだな」と思いながらほったらかしにするのではなく、自分なりのやり方で越えていく。それこそが、本当の「強さ」だと僕は思います。

弱さをさらけだす勇気／目次

第1章 「弱さ」を武器にせよ

第2章 夢は「つくる」もの

第3章 崖っぷち、ありがとう！

第４章 本気になるのはカッコいい

第5章 修造流 心のエクササイズ

弱さをさらけだす勇気

写真　野口　博
ブックデザイン　鈴木成一デザイン室
企画協力　ＩＭＧ
編集協力　竹内恵子

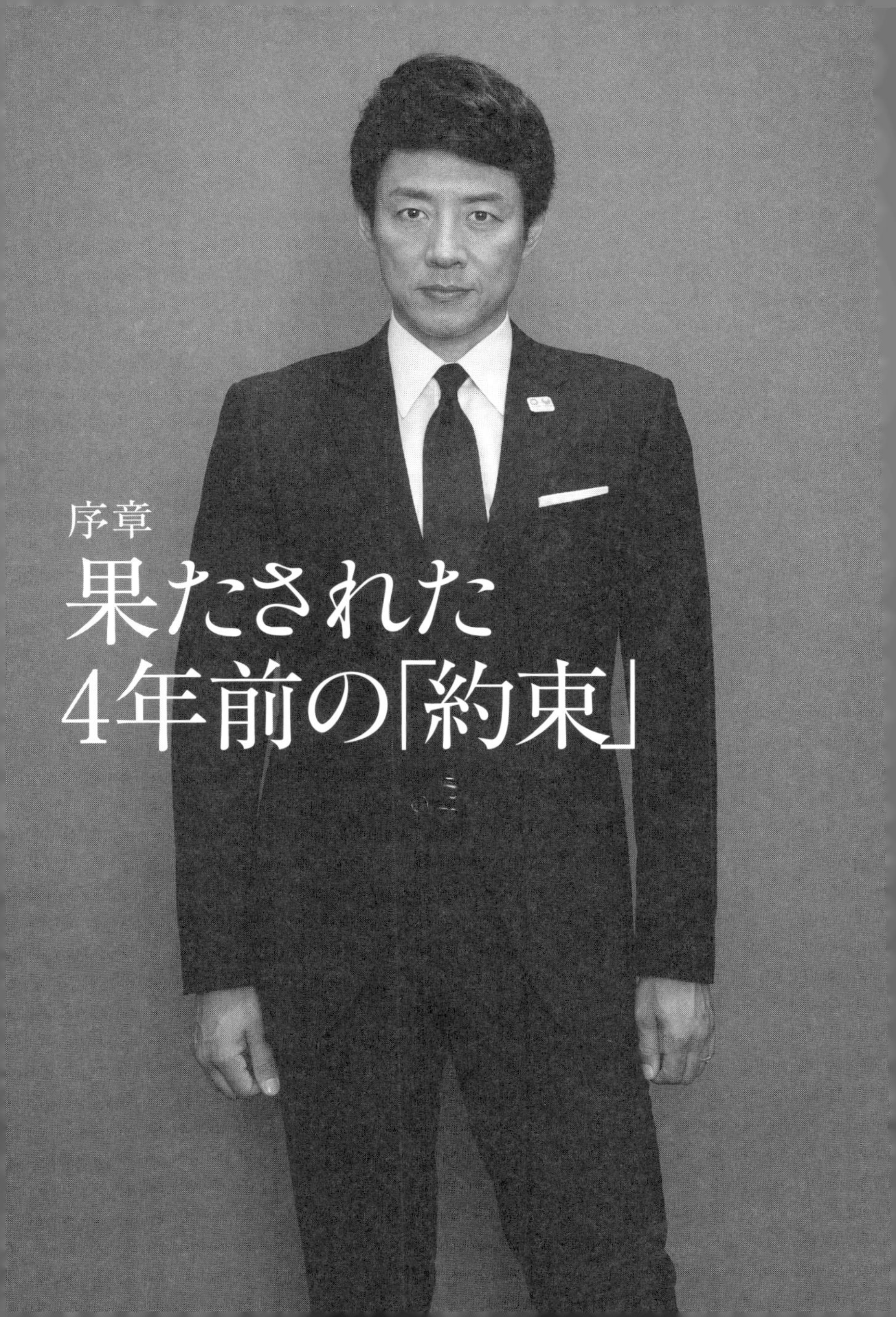

序章

果たされた4年前の「約束」

「弱さ」こそ、羽生結弦の強さの秘密

2018年2月、フィギュアスケート界に新たな歴史が刻《きざ》まれました。

平昌《ピョンチャン》冬季オリンピックのフィギュアスケート男子シングルで、羽生結弦《はにゅうゆづる》選手が前回のソチ大会に続き2度目の金メダルを獲得。この種目でのオリンピック連覇は、1948年サンモリッツ、1952年オスロの両オリンピックで優勝したアメリカのディック・バトンさん以来、じつに66年ぶりの快挙です。

しかも、オリンピック初出場の宇野昌磨《うのしょうま》選手が銀メダルという日本勢のワンツーフィニッシュ！　フィギュアスケートで日本勢が複数同時に表彰台に立ったのは、はじめてのことです。

さらに、羽生さんが手にした金メダルは、冬季オリンピック史上通算1000個目！　まさに記念づくしの金メダルでした。

会場の江陵《カンヌン》アイスアリーナでは、羽生さんが4回転ジャンプを決めるたびに拍手と歓声が湧き上がり、ステップのときは手拍子が後押ししてくれました。

前年11月に負った右足首の大けがからの劇的な復活劇。勝利の瞬間、会場やテレビの前で観戦していた世界中の人々も、目の前で取材をしていた僕も、そして演じ切った羽生さん自身

も、感動に心を揺さぶられながらひとつになっていました……。

僕は、羽生さんが16歳のときからインタビューをさせていただき、彼の心の声を聞き続けてきました。

前回のソチ冬季オリンピックでは、金メダルだったにもかかわらず、フリースケーティング（FS）でミスをしたことを悔《くや》しがり、「あのときに時間を戻したい」「もう一度演技をやり直したい」と、こちらが驚くほど後ろ向きのことを口にしていた羽生さん。

けれど一方で、こうも語っていました。

「逆境にいればいるほど勝ちたくなります。金メダリストになって追い込まれるのも逆境。それが自分をまた挑戦させるし、自分をさらに高めてくれる」

「弱い自分は大嫌いです。だけど、その弱いところがあるからこそ、人は強くなる。弱いところがあるからこそ、そこを埋めるために一所懸命練習する。それがなければ、幸せなスケートをするという感覚は生まれなかったと思います」

真摯《しんし》に語る羽生さんの姿を見つめながら、彼が、「自分との闘いを繰り返しながら〝今日の自分〟を超える〝明日の自分〟を追いかけていきます。より上の世界にある幸せをつかみます」と僕に対して宣言し、約束をしてくれているような気持ちになりました。

そして、その〝約束〟は、4年後の平昌でみごとに果たされたのです。

「捨てる」決断で本当の自分が見えてくる

連覇を成し遂《な》げ《と》た試合直後、羽生さんにインタビューしていちばん胸に響いた言葉があります。それは、

「平昌オリンピックは、捨てて、捨てて、捨てる作業をしてきた大会でした」

というものでした。

彼は今回のオリンピックの演技で、難度の高い大技の4回転ルッツや4回転ループを捨てました。

たしかに、羽生さんがけがをする前から、プロフィギュアスケーターの織田信成《おだのぶなり》さんや、羽生さんの憧《あこが》れの選手でフィギュアスケート界の「皇帝」と呼ばれたロシアのエフゲニー・プルシェンコさんはこんなふうに指摘されていました。羽生さんのジャンプはすべてGOE（基礎点にプラスされる出来栄え点）が高いのだから、平昌では4回転ルッツを跳ばなくても勝てる、無理にリスクを背負う必要はない――と。

けれど羽生さんは、自分の技術の限界まですべて出し切って戦うことがスポーツであり、相手に勝つだけでなく自分にも勝ってこそ「真のアスリート」だと考えている人です。

その彼が、オリンピックシーズンから新たに取り入れ、しっかり成功もさせていた4回転ル

ッツを捨てた。4回転ループまでも捨て、演技構成も変えました。

すべては、金メダルのために。

チャレンジしない自分は許せない、と考える彼にとって、この決断は、長年大事に育《はぐく》んできた自身の信念をも捨てるような感覚だったでしょう。

自分の大切にしていたこだわりを手放す決断ができたのは、ソチからの4年間で自分の「引き出し」を増やしてきた、つまり、選択肢を数多くつくってきたからです。

羽生さんは、2014年のグランプリシリーズ中国大会で、フリー演技直前の6分間練習のとき他国の選手と衝突して負傷するというアクシデントに見舞われたことがありました。心身ともにショックを受け、棄権《きけん》してもおかしくない状態のなかで出場を決断。フリーをみごとに演じ切りました。この経験から、どんな状況でも自分ができることをやり抜く力を得ました。

2015年11月のNHK杯では、合計322・40点の世界最高得点（史上初の300点超え）を出し、わずか2週間後のグランプリシリーズファイナル（スペイン）で330・43点（史上初の330点超え）を出してみずからの記録を塗り替えました。

こうした世界最高得点へのチャレンジも、4回転ルッツなど大技への取り組みで自分の限界に挑み続けていることも、すべては「引き出し」を増やすことにつながっています。

ソチからの4年間につらい思いをたくさんしながら、どんなときでも逃げずに挑戦を続け、それによって数多くの選択肢をつくっていた羽生さん。だからこそ、持っているもののなかから「捨てる」という作業ができたのです。捨てても、まだ充分に引き出しが残っている。金メダルを狙《ねら》った勝負ができる。それこそが、彼のいちばんの「強さ」だといえます。

だから僕は、復帰直後のオリンピック連覇を奇跡だとは思いません。「けがのなかでよく勝ったね」というとらえ方もしません。

また技術以外にも、羽生さんが捨てたものがあります。それは、友達に会いたい、遊びたい、大好きなゲームをやりたい、といった日常的な欲です。ふだんの生活のなかでの楽しみは人間にとって大事なものですが、それさえも思い切って捨てたのです。「連覇のためだけに幸せを捨てました」と、彼自身、表現しています。

そして羽生さんは、捨てることの効果をこう表現してくれました。

「捨てることによって結晶がどんどん削られていき、最後は本当に小さな金メダルの結晶になりました。何をすれば勝てるかを、明確に見ることができました」

羽生さんの言葉を聞きながら、僕はこんなふうに感じていました。

そうか、捨てるということは、何があっても揺《ゆ》るがない「本当の自分」を見つける最高の方法なんだ——と。

それまで自分が大事に思っていたものを捨てるには、とても大きな勇気が要《い》ります。でも、何かを得るためには、それを捨てて手放さなければならないときがある、そうしないと最後に大きなものをつかむことはできないと、羽生さんはオリンピックから教えてもらったのだと思います。

オリンピックには、人をとてつもなく強くするパワーがある。僕は改めて、この思いを強くしたのです。

オリンピックの魔物を味方につけるポジティブ思考

「オリンピックには魔物がいる」と、よくいわれます。

アスリートにとって、オリンピックは4年に一度の特別な大会です。極度の緊張やプレッシャーという〝魔物〟にのみ込まれてしまい、ふだんできていることがまったくできなくなってしまったりするのです。

じつは、ソチオリンピックのときの羽生さんは、金メダルを獲《と》ったにもかかわらず、「魔物に負けた」と振り返っています。「これはオリンピックだ」と思いすぎたため、自分で自分にものすごいプレッシャーをかけて極度に緊張し、フリーで自分の思い描いていたベストの演技ができなかったのです。

ところが平昌では、一転して「魔物に助けられた」と言うのです。

魔物に「勝った」のではなく、「助けられた」? それって、どういうこと?? あまりにも不思議な言葉に驚いて詳しくうかがうと、羽生さん独特の言葉が返ってきました。

「フリーの6分間練習でなかなかジャンプが決まらなかったとき、〝魔物〟から『これはオリンピックだぞ。もっと緊張しろ！』って、背中をポンと押されたんです。それで緊張感がよみがえってきました」

6分間練習でジャンプが決まらなかったのは、あまりにも落ち着きすぎていて、どこか集中しきれていないところがあったから。そうした心の隙《すき》につけこんで〝魔物〟がやってきたわけです。

ふつうなら、それで演技がおかしくなってしまうところです。けれど羽生さんは、ジャンプが決まらないことを〝魔物〟から気合を入れられたんだ、というとらえ方をして、いい意味での緊張感をとりもどしたのだと表現します。つまり、〝魔物〟すら味方につけ、それを力に変えたのです。

「なんという選手なんだ！」と、僕はまたまた驚いてしまいました。

でも、いちばんビックリしたのは当の〝魔物〟でしょうね。ソチのときのように羽生さんの調子を狂わせようとしてやってきたのに、かえってスイッチを入れることになってよい状態にしてしまったんですから。

「こんなとらえ方をする人間がいるんだ！」と、オリンピック史上最も〝魔物〟が驚いたシーンだったのではないでしょうか。

こうして迎えたフリー本番。羽生さんは、ＧＯＥ（出来栄え点）で満点を取るために、より質の高いジャンプをすることに徹しました。そのためには、心がブレないことが最も重要です。

試合前の彼のインタビューへの答え方や練習のしかたは、傍《はた》で見ていてもとても落ち着いていました。しゃべる内容は「闘いモード」でも心は落ち着いている状態を、意識的につくっているようにも見えました。

そこに、「もっと集中しろよ!」という6分間練習での〝魔物〟の言葉をうまくプラスしたことで、会場を支配するようなあのすばらしい演技ができたのでしょう。

羽生さんは、けがをする前から「平昌ではどんなことがあっても勝つ」と言っていました。けがをしてからも、その強い意志が揺らぐことはありませんでした。

彼は、「苦しいなかで、よくやったね」といった言葉で片づけることが大嫌いな人です。フリーの演技のときには、世界でいちばんと言っていいくらい自分にプレッシャーをかけ、とことん自分を追い詰めたはずです。だからこそ、それまでの競技人生のなかで最も心がブレることなく、最後まで質の高いジャンプができたのだと思います。後半のジャンプで一瞬バランスを崩しながら立て直すことができたのも、それゆえでしょう。

そして、金メダルを手にした羽生さん。「これ以上、満足するものはない」と言い切りました。317・85点という点数は、330・43点のパーソナルベストからは差がある数字です。しかし後悔するような言葉はいっさいありません。すべて出し切った、という気持ちだったのでしょう。それほど足首の痛みはひどく、とんでもない無理をして演技をしていたのです。

「けがをする前はこんなこともできたのに」「本来の自分ならもっと点が取れるのに」とは思わず、「現時点の羽生結弦ができること」に集中し切っていました。調子のいいときの自分と比べなかったことが、彼のいちばんの勝因だったと僕は思います。

意識転換でマイナスはプラスに変えられる

平昌オリンピックのあと、羽生さんは3月に予定されていた世界選手権の欠場を発表しました。そこで明らかにされたのが、靱帯《じんたい》や腱《けん》をふくめた右足損傷のため約2週間の安静と約3ヵ月間のリハビリが必要という体の状態。やはり、ふつうなら出場もできない状況下でオリンピックを闘っていたのです。

オリンピックが終わり、東京で日本代表選手団の帰国報告会が行われたときに聞いた際も、「体じゅう、いたるところが痛かった」と言っていました。足首は体を支える大事なところなので、かばえばかばうほど、体のほかの部分に影響がおよんで痛みが出るのです。

本来なら完全に治してから練習に入るべきです。しかし、オリンピックが目前に迫《せま》っていたため、彼自身すべてをわかったうえで練習再開を決意したのでしょう。

じつは、平昌オリンピックで男子フィギュアの試合がはじまる前のインタビューで、僕は「こんな質問をしていいのだろうか」とためらいながらも、「オリンピック出場を迷った時期もあったのでは?」と質問をしていました。すると羽生さんは、

「正直、無理かなと思う時期もありました」

と、迷いがあったことを正直に明かしてくれました。

「でも、大事なのは、いまオリンピックの場所にいて、いま滑《すべ》れていること。それがすべてだと思います。苦しくて自分を疑った時期もあったかもしれないけれど、やりたいことが前向きにできているのであれば、過去の弱い自分を振り返る必要はないと思うんです」

彼は、きっぱり言い切りました。

「過去の弱い自分を振り返る必要はない」という言葉は、「弱かった自分から目をそむける」というマイナスの意味ではありません。「ネガティブになったこともあったけれど、いまの自分はそういう弱さによってつくりあげられたんだ」と自分自身を絶対肯定する、どこまでも前向きな言葉です。

ソチオリンピックで金メダルを獲ったあとの彼は、「フリーでのミスが多かった」「メンタルが弱かった」などと、弱い言葉をたくさん口にしていました。だから僕は失礼と知りつつ、「こんなに弱いチャンピオン、僕は見たことがありません」と言いました。

そのとき彼は、この言葉に大きくうなずきました。僕の指摘に対し、「弱いからこそ、強く

なっていくんだ」と、超前向きにとらえていたんだと思います。

「弱さは強さ」——。これは、羽生さんがとても好きな言葉です。

平昌では、右足首のけがという弱さを、強さに転換しました。それが羽生結弦の弱さのとらえ方なんです！

マイナスに見えることも、自分のとらえ方しだいでプラスになり、自分の強さにつながっていく。羽生さんはそのことを僕たちに身を以《もっ》て教えてくれました。

弱さを自分のなかでうまく転換すれば強さになる。彼自身、演技を通してそのことをより深く知ったのではないかと思います。

羽生さんはこういう意識の転換が得意で、何度も繰り返すことで強くなってきました。もともと強かったわけではなく、カゼもひけば、けがもします。そうしたマイナス要素を超人的に変える力を備えていたわけでもありません。

弱さのとらえ方や転換のしかたがみんなとは違う、というだけなんです。

羽生さんの技術や才能は僕らにはマネできないし、心の部分でも、彼の境地までいくのはむずかしいかもしれません。でも、彼の弱さのとらえ方や、それを強さに転換していく考え方は、マネできるんじゃないかな？

とらえ方しだいで弱さを強さにしていける、という羽生さんの姿勢に学べることはとても大きいと、僕は思うのです。

最高の幸せは苦しみの経験の先に

平昌オリンピックの取材を通じて、僕は「集大成」と言い続けました。オリンピックは、個々の選手の4年間の取り組みや思いの集大成であるとともに、すべての選手の最高のパフォーマンスが集まる集大成でもある、と。

それは、羽生さんがいちばん望んでいたことでもあります。オリンピックシーズン前にインタビューさせていただいたとき、彼は、

「平昌では圧倒的な強さで勝ちたい」

と言いました。「それはどういう意味ですか？」と訊《き》くと、こんな言葉が返ってきました。

「周りがノーミスで最高のパフォーマンスをしたなかで、自分も最高の演技をして勝つことです」

みんなが全力を出しつくしたなかでの勝利――。アスリートなら誰でも、最終的な目標はそこに行き着きます。すばらしい考え方だと思いませんか!?

その目標通り、圧倒的な強さで勝利した羽生さんは、「66年ぶりのオリンピック連覇」を成し遂げ、まさしく新たな〝歴史の一ページ〟を刻みました。

彼が優勝したとき、僕は「日本人がフィギュアで連覇なんてすごい！」という程度の感覚で

した。もちろん、羽生さんは世界的にも貴重なスケーターだとわかっていました。しかし、66年前に連覇を果たしたディック・バトンさんが羽生さんを祝福してくれたのを見たときに、そんな簡単な話ではない、とハッと気づかされました。「羽生結弦は世界の宝になり、100年後もその演技が語り継がれる。僕たちはいま、とんでもない人と遭遇《そうぐう》しているんだ！」と、震《ふる》えるほどの感動を覚えました。

羽生さん自身、僕がこれまで見たことがないほど、優勝の喜びをストレートに表していました。試合に勝った喜びはもちろんのこと、4年前の悔しさや直前のけがという困難を乗り越え、自分自身に打《う》ち克《か》った達成感が大きかったのでしょう。

そして彼は、苦しい状況のなかでの勝利から得たものを、ひとことで「幸せ」と表現しました。それは、人間として最も深いところから湧き出てきた幸福感でした。おいしいものを食べたりしたときの幸せとは、また違うものです。

これほど明確に心の底から「幸せ」と言える人がうらやましい。僕なんか、50年生きてきて、羽生さんがおっしゃった意味で「幸せ」と言ったことがないから……。

本来、羽生さんにとって最良のストーリーは、けががなく、4回転ルッツも4回転ループも全部跳び、最高の状態で勝つことでした。でも、このときの彼にとっては、とことん苦労し、できるはずのジャンプを捨てるという、「自分がいちばんやりたくない」ことをしたなかで自分の意志で獲ったメダル。だからこそ、最高に「幸せ」だったのです。

フリーの演技を終え、けがをした右足首をいたわるように手で触れながら、右足に感謝していた羽生さん。「最高の幸せは、さまざまな苦しみを経験するからこそつかめる。彼はそれを世界中の人々に伝えてくれた！」と、僕は強く思いました。

金メダルは人生のゴールではない

このとき、羽生さんから出ている幸せオーラがあまりにも大きいので、「スケーターとしての彼の旅は、ここで終わってしまうのでは？」と感じた人もいたようです。

彼がつかんだ「幸せ」がスケーターとして次に進むモチベーションになるのか、また違う目標へと進むことになるのか、正直言ってわかりません。4回転アクセル、さらには5回転のトーループやサルコーのような難度の高いジャンプへの挑戦は、競技者としてひとつのモチベーションにはなりえますが、彼の最終目標はそれではないような気がします。

唯一、はっきりした目標になるものがあるとしたら、オリンピック三連覇でしょう。

それを狙うかどうかは、この1、2年で答えを出すと思います。彼がその道を選択すれば、僕はまたスケーターとしての羽生結弦さんにお話を聞くことになります。選択しなければ、これまでとは違う羽生さんに向き合うことになるはずです。

羽生さんは、「オリンピックの金はゴールではない」と、16歳のときから言っていました。

フィギュアスケート以外の人生というものを、彼はずっと以前から考えていたのです。

だから、僕が最終的な目標をたずねたとき、こんなふうに答えてくれました。

「オリンピックで金メダルを獲るのはひとつのスタートにすぎないですし、過程にしかすぎないかな、と思います」

一見、誤解されてしまう可能性もある表現です。しかし、彼なりのしっかりした思いがそこには込められています。東北・仙台出身で、東日本大震災当時に被災者の苦しみを味わった彼は、復興支援活動もしていきたいと考えているのです。

羽生さんは高校1年生だった2011年のあの日、仙台市内のアイスリンクで地震におそわれました。スケート靴をはいたままますぐさま外へ避難。自宅は大きな被害を受け、避難所生活も経験しました。練習拠点のリンクは営業中止になってしまったため、以後、日本各地で復興支援のためのアイスショーに出演しながら練習を続けました。

彼が平昌での優勝にこだわったのは、オリンピック連覇を達成することで、フィギュアスケートの競技とはまた違うかたちで、羽生さんらしい自分なりの震災復興支援がしやすくなる、と考えたからだと思います。

世界最高得点は別の大会でも出せますが、オリンピック連覇は平昌でしかできません。ここで勝たなければ、次の北京《ペキン》大会で勝ったとしても連覇にはなりません。

「平昌で勝つことにすべてをかける」と彼が言っていたのは、そのためです。

オリンピック連覇によって「肩書ができました」と彼は言っていました。それは、けっして俗っぽい肩書のことではありません。震災復興を視野に入れての「肩書」でした。

羽生結弦という人物が進む先には無限の可能性が広がっています。これからいったいどんなチャレンジをしていくのか、それを最も楽しみにしているのは、なによりも彼自身なのだと思えてなりません。

「信じる力」を求めた高梨沙羅の4年間

平昌オリンピックで日本が獲得したメダルは、金4、銀5、銅4、史上最多の13個でした。惜《お》しくも金メダルを逃した選手たちもみな、

「ベストをつくしてのメダル。悔しいけど、すごく爽快《そうかい》だ」

と言っていたのが印象的でした。自分の力を出しきれず悔しい、と言う選手は僕が見ていたかぎり一人もいませんでした。

なかでも僕の胸を熱くしたのは、女子スキージャンプの高梨沙羅《たかなしさら》選手の銅メダル！　日本の女子選手がジャンプでメダルを獲ったのは、史上はじめてのことです。

沙羅さんは、17歳で初めて出場したソチオリンピックで「金メダルの本命」と言われました。しかし、重圧はあまりに大きく、失速してまさかの4位に終わり、悔し涙に暮れました。

その後、彼女はすべてをリセットして、いちからジャンプに取り組みました。体力強化に努め、ジャンプの根幹となる助走姿勢や着地姿勢などを改善し、技術面での精度を一つひとつ高め、足の裏の感覚をとぎすますなど、練習に練習を重ねていきました。

しかしその間も、ソチオリンピックで失速して負けてしまった夢を何度も見て、うなされました。空中に飛び出すと体が動かず、着地バーンに吸い込まれていく自分。助走ゲートにぽつんと座っている自分——そのイメージから逃れられずにいました。

ソチから2年以上過ぎて僕がインタビューしたときも、「ソチでの失速がいまも頭のなかに焼きついていて夢に出ます」と言うほどでした。彼女が受けたショックの大きさがうかがい知れます。

2017年2月、冬季オリンピックのプレ大会となった平昌でのワールドカップ（W杯）個人第18戦で沙羅さんは優勝。ジャンプの男女を通じてW杯勝利数最多タイの53勝という記録をつくりました。けれど、僕がインタビューにうかがったとき、なぜか彼女には笑顔がありません。じつは、満足できるジャンプができなくなっていたのです。

「苦しくても結果を残すことが、ソチからの沙羅さんの課題です。思うようにいかないなかでも沙羅さんは勝った。これこそが『結果を残す』ということじゃないですか？」

僕は問いかけました。ジャンプは満足できるものではなくても、W杯に勝った。けっして沙羅さんが弱いわけでも、ダメなわけでもない！　そう思っての言葉です。すると、

「いつも〝いい内容のジャンプ〟のあとに結果がついてくると思っていたので、勝っても複雑な気持ちでした。でも、そう言っていただいて、少し自信になりました」

と、沙羅さん。

そして、いきなり逆インタビューがはじまりました。

沙羅さん 「勝ちたい試合にピークを合わせるには、どうしたらいいですか？」

修造 「僕はピークを合わせても勝てなかった。弱かったから！　ただ、世界のトップはみんな、最高のパフォーマンスで勝つんじゃなく、6〜7割の力で勝ち抜いています」

沙羅さん 「アベレージ（平均）の力を上げないと勝てない、ということですか？」

修造 「それができているのが沙羅さんじゃないですか！　W杯最多勝利タイは、この3年の積み重ねの表れなんですよ」

風などの自然条件が常に変化するスキージャンプは、ピークの合わせ方がとてもむずかしい競技です。これまで沙羅さんは、W杯で圧倒的な強さを発揮《はっき》していましたが、世界選手権では2015年が4位、2017年が3位。「大事な試合にピークを持っていく力が自分には足りない」と自己分析していたようです。

それにしても、沙羅さんの強さは誰もが認めているのに、ただ一人、沙羅さんだけが認めていない……。僕から見ると彼女は、「自分が強いと思ったことなんて一度もないんじゃないかな?」と感じるほど、自分自身に対して厳しい人です。

別の言い方をすれば、「100%自分を信じきれない弱さがある」とも言えるでしょう。その意味では、羽生結弦さんと正反対の性格かもしれません。

「彼女の性格は、たぶん変わらないだろう。沙羅さん、だからこそ、もがけ! 苦しめ! 自分と向き合え!」

と、僕は思いました。ここを乗り越えることで、自分を本当の意味で信じる力が生まれ、大事な試合にピークを合わせられるようになるためのカギになると考えたからです。

「ビリーブ、沙羅さん!」

僕は、心からそう思っていました。

ソチの悪夢と自分超えの〝金〟メダル

2017-2018年のオリンピックシーズンに入っても、沙羅さんはソチの悪夢を見ていました。しかし、「いまは受け入れることができています」と話してくれるまでに変わっていました。

沙羅さんはソチの悪夢を乗り越えつつありましたが、このシーズンは、ノルウェーのマーレン・ルンビ選手やドイツのカタリナ・アルトハウス選手をはじめとするヨーロッパ勢が飛躍的に力をつけていました。

一方の沙羅さんは本来の調子が出ず、W杯10戦を終えても未勝利。W杯個人総合ランキングもルンビ選手とアルトハウス選手に次ぐ3位という意外な成績で、平昌オリンピックを迎えることになりました。

そして、2月12日の女子ノーマルヒル個人——。

大きなプレッシャーがかかるなか、沙羅さんは1回目、2回目ともに103・5メートルのスーパージャンプを見せてくれました。2回目の着地のあとは、両手を高く突き上げガッツポーズ！　その時点でトップに立つ得点でした。

あとから飛んだルンビ選手とアルトハウス選手に抜かれ、最終的には銅メダルという結果になりましたが、沙羅さんは喜びにあふれていました。試合直後のインタビューで、

「最後の最後に最高のジャンプができました」

と、笑顔で話している姿が印象的でした。

久しぶりに見た、彼女の心からの笑顔！　僕の心は震えました。

もちろん金メダルを獲ってほしかった！　けれど、ライバルの2人が強すぎました。

しかし、考えてみれば、そもそもルンビ選手やアルトハウス選手を強くしたのは沙羅さんなのです。彼女のジャンプのテイクオフ（ジャンプ直前に立ち上がる反動で飛び出す動作）を学んだこと

によって、外国勢は強くなりました。

どの選手も自分を高め、競い合うなかで、沙羅さんは自分が満足できる最高のジャンプをし、悲願のメダルを手にしました。

彼女にとってこのオリンピックは、ほかの選手との勝負ではなく、〝自分に勝てるか、勝てないか〟の勝負でした。彼女は、以前から言っていました。

「ソチでは自分に負けてしまった。平昌ではソチの自分を超えたい」

小さな体に重圧を背負い、外国勢が台頭するなかでベストのジャンプができたこと。これが、「ソチの自分に克つ」という自分への約束を果たすパワーにつながったのだと思います。

ソチのトラウマを振り払うように、この4年間、沙羅さんは必死に駆け抜けてきました。そして、最後の最後に弱気な自分に打ち克ち、スーパージャンプを見せました。取材を通して彼女の苦悩を見続けてきた僕には、沙羅さんの胸に輝くメダルが金色にしか見えませんでした。いまも銅だと思っていません。彼女のメダルは、〝自分超えの金メダル〟です！

「地道力」でW杯歴代単独最多55勝

「最後は自分を信じて楽しめました」

沙羅さんは、メダルを獲った翌日のインタビューで、そう言って表情を輝かせていました。

そして、100％自分を信じ切れないという弱さを克服できたのは、なにより、ソチでの失速の悪夢があったからだと話します。

「あのつらい夢があってよかった。だからこそ努力して自分を変えることができました」

自分の弱さを受け入れ、そんな弱さに対し、「自分の足りない点を気づかせてくれてありがとう」と、沙羅さんはいま、感謝すらしています。

誰にとっても、自分のなかにある弱さは嬉しい存在ではないでしょう。でも、沙羅さんのように前向きにとらえられるようになったら、弱さは強くなるためのいちばんの気づきにもなりえます。それだけでなく、

「足りない点をこんなふうに変えていけば、もっともっと強くなれるよ！」

そんな自分への応援にもなるんだと、僕は沙羅さんから教えられました。

もちろん彼女のなかには、自分を出し切った達成感とともに、「金メダルを獲れなくて悔しかった」という思いもあります。

「オリンピックは挑戦の場所。ここで終わるわけではない。平昌で、また新しい目標ができました。最終的な目標は金。強い気持ちをもって4年後に臨んでいきます！」

苦しんだ末に手にした銅メダルを見ながら、僕に新たな約束をしてくれました。

とはいえ、平昌で金を獲ったルンビ選手や銀のアルトハウス選手は、体格がいいうえにジャ

ンプのテイクオフに安定感もあります。簡単には勝てない強敵です。

「僕だったら、相手が強すぎてとてもかなわないと思ってしまいます。ああいう選手たちにどうやって対抗していけばいいんですか？」

「もっと違うもの、もっと新しいもの、私にしかできないジャンプを見つけます」

そう、沙羅さんは、あんなに強いルンビ選手やアルトハウス選手を前にしても、「とてもかなわない」なんて少しも思っていないのです。

事実、平昌オリンピック後の3月、ドイツで行われたW杯で、沙羅さんはルンビ選手やアルトハウス選手を抑えて連勝。男女を通じてW杯歴代単独最多となる55勝という記録を打ち立ててシーズンを終えました。

外国勢が台頭するなか、「それでも私はもっと頑張って燃え尽きたい。勝ちたいんです」と語っていた彼女は、その夢を早くもオリンピックシーズンの最後に実現させました。

彼女のように、どんな状況でも地道にコツコツと努力を重ねていける人は、「私、やれば絶対にできる」と思える力を持っています。

沙羅さんにとって、2017‐2018年シーズンは、自分に対し自信を持てないという弱さを本当の意味で克服したシーズンになったと、僕は思います。そして、「私にしかできないジャンプを見つける」という自分自身との約束を果たすために、沙羅さんは4年後の北京冬季オリンピックに向けて、これからも変わることなく地道な歩みを続けていくはずです。

第1章
「弱さ」を武器にせよ

松岡修造は間違いなく「弱い」男です

僕、松岡修造には、「常にポジティブで熱く、強い心の持ち主」のような世間一般のイメージがあるようです。

そう思ってもらえるのは嬉しいのですが、じつは、そんなことはありません。むしろ人と比べるとかなり弱い人間で、ものごとをマイナスにとらえるところがあるんです。

僕はプロテニスプレーヤーとして世界で戦ってきましたが、小さいころから「テニスの才能がない」と言われ続けながら育ちました。

「勝ちたい！」という気持ちは人一倍あって、自分より強い選手になにがなんでも勝とうと、こっそり誰も見ていないところで練習することもありました。それなのに少年時代の僕は、表向きは、「〇〇くんとの試合だからって、気合が入ってるわけじゃないよ。オレ、そんなに練習してないし」という態度をとったり、負けて悔《くや》しがっていると思われたくないので、「べつに頑張っていませんから」と強がってみたり……。大人から見れば、かなりイヤな子だったかもしれません。

試合で自分が不利になると、「もうダメ」とあっさりあきらめてしまうこともありました。周りの大人たちはそんな心の弱さなどお見通しで、表彰式のときに一人だけ前に立たされ、

「松岡、こんなことでいいのか！」

などと、叱《しか》られたこともありました。

成長してプロテニスプレーヤーになってからは、日本人選手としては長身である体格を生かして繰り出す速いサーブを武器にしていました。しかし、ほかのトップ選手にくらべると動きは硬く、スタミナも不足気味でした。

メンタル面では、「決断力のなさがテニスに出ている」とコーチに指摘されて悩みました。試合前には、イライラとプレッシャーの〝ダブルいらっしゃい〟状態で爆発寸前になってしまうし、試合中にショットが決まらず、ゲームを投げ出したくなったりもしました。

けがや病気でテニスができなくなったときには、「なんでオレだけこんなひどい目に遭《あ》うんだよ！」と、運命を呪ったこともありました。

結果的に、僕のプロテニスプレーヤーとしての成績は、ツアー通算2勝（男子シングルス1勝、ダブルス1勝）、生涯通算成績は173勝207敗です。13年間のプロ生活では、ほぼ毎週負けていました。試合はトーナメントなので、優勝者以外は必ず敗北の悔しさを味わいます。「弱い自分」と向き合うことになるのです。

勝つことの喜びと、それ以上にたくさん味わった負けることの悔しさ——。テニスを続けている間は、ずっとそんな感情の繰り返しだった気がします。

現役を卒業して、テレビでスポーツキャスターや『くいしん坊！万才』などの仕事をするようになってからは、「修造さん、もともとトークが得意なんでしょ?」などと言われるようになりました。これも「まさか、まさか!」です。

もともと僕は、人前で話すのが苦手。大勢の前で話をしなければならないときには指先が凍《こお》りつくほど緊張してしまうので、何日も前から憂鬱《ゆううつ》でしょうがないというありさまでした。

たとえば高校1年のときの国語の授業。みんなの前で一人15分ずつスピーチをする時間がありました。テストの点が悪くても、スピーチでちゃんと話せれば点数がプラスされます。僕はテニスの話をしようと思いましたが、いざみんなの前に立つと、わずか2分で言葉が浮かんでこなくなり、絶句。このときの国語の成績は最悪でした。以来、人前で話すことに苦手意識を持つようになってしまいました。

そんな自分がいま、こうしてテレビで伝える側の仕事をするようになるなんて、思ってもみませんでした。人生、何が起きるかわかりません。

これまで数多くのアスリートにインタビューしてきましたが、いまだに、「こう言えばもっとわかりやすかったのに」「あそこでこういう質問をすれば、もっと深い話が聞けたのに」と、後悔の連続。本番で頭が真っ白になって言葉が出てこなかったり、言葉足らずで思いがうまく伝わらなかったりして、ガックリ肩を落とすこともたびたびです。

人はみな、いろいろな「弱さ」を持っています。人前に出ると緊張する、みんなの前で話す自信がない、というのも心の弱さのひとつだと思います。その意味で、僕は間違いなく「弱い男」です。

「常にポジティブで熱く、強い心の持ち主」とは正反対の人間、それが松岡修造なんです。

「弱さ」とは人生を拓く「きっかけ」のことである

僕がテニスをはじめたのは8歳のときです。3歳年上の姉がテニスをしていて、とても楽しそうだったので興味を持ち、1歳年上の兄といっしょにはじめました。

2歳のころから水泳もやっていて、ある程度いい成績を上げていましたが、よい記録が出て競うレベルが高くなるにしたがって練習量も増えていきます。「もっと練習！」「もっと練習！」となっていくうちに、しだいに面白さより、つらさを感じることのほうが多くなりました。いつしか、「もう練習に行きたくないな……」と、水泳からだんだん気持ちが離れ、スイミングスクールに行く電車にわざと乗り遅れたり、練習に遅刻したりするようになってしまいました。

そんなとき、心惹《ひ》かれたのがテニスでした。テニスは、個人競技という点では水泳と同じですが、試合中は自分の好きなようにプレーでき、自分を表現できるスポーツでもあります。そこが当時の僕の目にはたまらなく魅力的に映りました。

もちろん、いまでは世界水泳など水泳の取材をたくさんやらせていただき、水泳も充分に自分を表現できるスポーツだと理解しています。けれど、あのころの僕にはそう思えなかったのです。

「自分を表現する」といっても、まだ8歳。むずかしいことを考えていたわけではありません。人とちょっと違うプレーをすれば目立つ、「あいつ、面白いことやってるぞ」と注目してもらえる、といった程度の感覚です。自分の存在を「これでもか」とプレーを通してアピールできるところに面白さを感じ、「水泳より自分に向いているかも！」と思いました。

学校では野球やサッカーにも熱中していましたが、そこまで魅力を感じるスポーツを見つけたのは、はじめて。こうして僕は、10歳のときに水泳をやめ、テニス一本に打ち込むようになりました。

「本当にやりたいことがわからない」と言う若い人は多いけれど、それがスポーツでも仕事でも、本当に自分に向いているもの、本気で打ち込みたいものを見つけるには、僕のように多少の回り道をしてもいいんじゃないかな。焦《あせ》って探そうとしたり、無理してひとつのことを続けたりするのではなく、いろいろなことを体験するなかで、「これだ！」と思えるものと自然に出会うはずだから。

そして、その過程で身につけたものは、けっして無駄にはなりません。たとえば、僕は水泳をやめたけれど、そこで培《つちか》ったものはテニスにも生かされました。水泳で鍛《きた》えたしなやかな筋肉、強靱《きょうじん》な背筋力、そして肩の周りの柔《やわ》らかさ……この特徴が、プロテニスプレーヤーとなった後、世界トップクラスのサーブ（自称「スイミングサーブ」）という僕の武器を支えてくれました。

あなたがいままでやってきたことで、無駄になることなどひとつもありません。すべてあなたの財産になり、のちのち生かすことができるんです。それに気づくか気づかないか、生かすか生かさないかの違いがあるだけです。

少年時代の僕が、水泳の練習のきつさや単調さに耐えられなくなったのは、明らかに自分の心の「弱さ」のせいでした。でも、それがきっかけで、その後の人生を拓《ひら》いてくれるテニスという別のスポーツに出会いました。そのときは、未来のことなどまったく考えずに、ただ自分の心の声に従っただけでした。

だから思います。いまある「弱さ」を全否定する必要はないんじゃないかな。

それが自分を変えるきっかけになるなら、「弱さ」もある種の武器になると僕は思うのです。

「才能がない」はやめる理由にならない

本格的にテニスに打ち込むようになった僕は、勝つための作戦を必死に考えました。

テニスの試合では、常に相手のイヤがるところを狙《ねら》ってボールを返し、相手の弱点を攻めていくことが勝利につながります。僕も、勝つための試合展開を、子供ながらにいろいろと工夫しました。

でも、僕の練習や試合を見て「才能がある」と言った人は、誰一人いません。水泳をやめて、「本当にやりたいこと」を見つけたはずでした。でも、それですべてがうまくいくほど、人生は簡単ではありません。

当時の僕は、身長の割には丸々と太っていて、まわりの大人たちにいたずらをして逃げ回ったりするような子でした。学校の宿題はよく忘れるし、成績は低空飛行で毎年進級するのがやっと。母は、何度も学校に呼び出されていました。

テニスのプレースタイルはめちゃくちゃだし、フォームも正統派からはほど遠い我流のものでした。試合中はがむしゃらに大声を出しては、自分がポイントを取れば大喜びでコートの中を走り回るなど、パフォーマンスだけは派手。試合に勝つためならば何でもする、というような選手だったと思います。

試合を観に来てくれたコーチたちは、やんちゃな僕を可愛がってくれましたが、アドバイスをお願いしても、

「修ちゃんは元気なテニスをしているね」

「ガッツがあっていいよ」

と言うだけ。ほかに、ほめようがなかったのでしょう。

国別対抗戦のデビスカップに日本代表として出場したことがある父からは、

「おまえにはテニスの才能がない。やめろ」

と、常に言われ続けていました。いちばん身近にいる元テニス選手の父がそう言うのですから、「やっぱりオレには才能がないんだろうな……」と認めるしかありません。

それでも父は、僕や兄のテニスについて助言してくれることもありました。でも、僕がもらうのはいつも超厳しい言葉ばかり。だから子供のころは、テニスに関して父と話すことが怖くて怖くてしかたありませんでした。

そんなあるとき、負け試合のスコアをおそるおそる父に見せたことがありました。すると、ひと言。

「修造、どうしてここであきらめたんだ?」

僕にとって、いちばん言われたくない言葉です。でも、まさに図星です。その試合は、途中で勝つことをあきらめ、投げやりになって負けた最低のゲームでした。

自身テニスプレーヤーだった父には、試合を観なくても、スコアを見れば僕がどんな態度で負け、どんな気持ちで試合を捨ててしまったのか手に取るようにわかったのです。

父が許せなかったのは、負けたことではありません。僕が、試合を投げたことです。だから、「どうしてここであきらめたんだ?」という言葉には、「やめろ」と言うのを押し切って好きでテニスをやっているのに、なぜそんな態度を取るんだ、という意味が込められていました。

まさに、僕の心の弱さの核心を突くひとこと。

そしてまた、「テニスをやめろ」という言葉が繰り返されるのでした……。

「好きになる力」が続ける力の源

一方、兄に対して父が「テニスをやめろ」と言うことはいっさいありません。

兄は、僕とはまるっきり正反対の優等生。性格はおだやかで、礼儀正しく、責任感の強いしっかり者。成績もトップクラスでした。ひとつしか違わないのに、僕より20センチくらい背が高く、女の子にも人気がありました。

兄弟げんかもよくしました。でも、試合になって僕を常に応援してくれるのも兄。とても大きな存在で、いつも頼りにしていました。

兄のテニスは、僕のような〝元気なテニス〟とは似ても似つかぬスマートなものでした。きちんと組み立てられたテニスをしていて、見るからにセンスがあることがわかります。当然、コーチたちは兄に期待してハイレベルの指導をします。才能から練習のレベルまで、兄と僕の差は圧倒的でした。

それでも、僕はテニスをやめようと思ったことは一度もありませんでした。

「優等生の兄貴に負けたくない。勉強やモテ度じゃかなわないけど、テニスでは兄貴を一歩リードしたい」と思っていたこともありますが、とにかくテニスが好きだったんです。

自分の好きなことをやっていれば、心はそう簡単には折れません。

僕は人一倍負けず嫌いなので、「繰り返し努力する才能」だけはあったと思います。不器用で覚えも悪い。けれど、やっとの思いでいいショットが打てたら、忘れないうちに何回も何回も繰り返して、「こう動けばいいんだ」「こう打てばいいんだ」と体に覚えさせ、感覚をつかもうとしました。

アスリートには、僕のようにコツコツやって力をつけていくタイプと、伊達公子《だてきみこ》さんや錦織圭《にしこりけい》選手のような天才肌がいます。

覚えが速くてテニスの才能にあふれた選手を見るたび、「いいなー」とうらやましかったけれど、「僕とは違うタイプの選手なんだ」と割り切って考え、好きなテニスのためにとことん努力していきました。その結果、どんどん上達して、なんと中学3年生のときには全国中学生大会で日本一になったんです。これには自分がいちばん驚きました。

だから、言いたい。あなたもけっしてあきらめないでください！

たとえ人から「才能がない」と言われても、本当にそれが自分の選んだ好きなことであるならば、努力を続けていくことでいつか結果が出ます。自信を持つことができるようにもなります。

「これでいいのか？」と自分に問いかけよ

とはいえ、甘くはありません。

10歳からテニスにのめり込み、中学時代は試合に勝てた僕。それなのに、高校生になると試合ですっかり勝てなくなってしまいました。いつも勝っていたはずの選手に負け、そのショックから立ち直れなくなってしまったのです。

「素質がないから勝てないんだ。もう、テニスなんてどーでもいいや」

テニスに行き詰まりを感じた高校生の僕は、練習をサボってフラフラ遊び歩くようになりました。あきらかな現実逃避です。

最初は、ほんのちょっとサボるだけのつもりでした。でも、1回のサボりが2回になり、3回、4回となるうちに、僕はサボることに慣れてしまって、「やらなくていいや」が当たり前に……。

一時期は麻雀《マージャン》に熱中し、学校から帰ると「練習に行ってきます」と親にウソをついて麻雀。夢のなかにも麻雀の牌《パイ》が浮かんでくるし、犬が「ワン」と吠《ほ》えても「ロン！」と聞こえるほどののめり込みようです。2ヵ月以上もラケットを握らない日々が続きました。テニスも麻雀も心理戦。しかも、それは自分の得意分野。だから、これほど熱中したのかもしれません。

「面倒くさいな、今日はやらなくていいか」という気分になることは、あなたにもきっとありますよね？　その悪魔のささやきに負けると、こんなことになってしまうのです。

麻雀に明け暮れ、テニスに戻るタイミングをつかめなくなっていたある日。僕の心のなかにふっと、

「これでいいのか？」

という問いかけが浮かんできました。それは、あまりに突然のことでした。

「おまえは、テニスがもっと強くなりたかったんじゃないのか？　このままでいいのか？」

問いかけの声は、自分のなかでどんどん大きくなっていきました。気がつくと、しまい込んでいたはずのラケットを取り出している自分がそこにいました。

「この感触！　そうだ、オレはテニスが本当に好きなんだ！　やっぱりテニスがしたい！」

こうして自分の本心に気づいた僕が決意したのが「転校」です。親の反対を押し切って、2年生のとき、慶應義塾高校から福岡県にあるテニスの強豪・柳川《やながわ》高校に転校しました。

柳川高校は、慶應義塾とは雰囲気がまるで違う体育会系の校風です。試合会場で見かける坊主頭のテニス部員たちは、いっさい私語を交わさず、いつもピシッと行動していて、

「あんな厳しい学校、オレたちは1分もいられないよなー」

と、かつて仲間たちと話をしていたほどでした。

そんな学校への転校を決めた理由は、「自分を成長させるために、あえて厳しい環境を選んだ」なんて、カッコいいものではありません。

「このままじゃ、また自分の弱い心に流されてしまうかもしれない」

ただそれだけでした。柳川高校に行ってテニスをしなければならない状況に自分をおけば、テニスも心も強くなるのではないか——そんな他力本願的な考えもあったことは否定できません。

加えて、慶應義塾には留年制度がありました。「勉強とテニスを両立させる自信がない。このままじゃ、高校をすんなり卒業できるかどうかわからないぞ」という気持ちも、正直言って、どこかにありました。

そういう心の弱さを抱えたなかでの決断だったんです。

柳川高校では、寮生活や先輩・後輩の厳しい上下関係を生まれてはじめて体験しました。テニスコートは寮の目の前にあり、当然、練習漬けの毎日。スパルタ式の練習は「怖い」のひとことで、耐えきれずに逃げ出す選手もいました。

でも僕は、自分の心の声が「やれ！」と決めたことだったから平気でした。自分なりに厳しい練習や寮生活を楽しむことができたし、なかば強制的にテニスのスパルタ教育を受けることで、自分のそれまでの甘さや弱さを思い知ることもできました。

なにより、うまくいかなくなっていたテニスがむちゃくちゃ強くなりました！

2年生のインターハイで男子シングルス、ダブルス、団体の三冠を達成することができ、ジュニアのヨーロッパ遠征メンバーにも選ばれたのです。テニスのスタイルも、守りのテニスから攻めのテニスへと大きく変わっていきました。

僕にとって柳川時代は、身長も伸び、テニスも伸び、心も伸びた時期です。

といっても、当時はプロになろうなんていう気はさらさらありません。高校を卒業したら、テニスを楽しみながら大学生活を送って就職しよう、とふつうの高校生と同じように考えていました。

ところが、それからわずかな間に柳川高校をやめてアメリカへ、そしてプロの世界へと、僕の人生は急展開していくことになったのです。

高校をやめてアメリカ行きを決めた言葉

僕が柳川高校をやめて渡米したのは、ボリス・ベッカーなど多くのトップ選手を育ててきたテニス界の名コーチ、ボブ・ブレットさんとの出会いがきっかけです。

全仏オープンやウィンブルドンのジュニア選手権に出場するため学校を休学していた高校3年の夏、ボブが来日し、練習を見てもらう機会がありました。

ボブとは30分ほど打ち合いをしましたが、彼は僕のテニスに関して何も言わず、握手をしただけで帰っていきました。アドバイスや感想を期待していた僕は、ガックリ。

ところが、彼が日本を発《た》つ日に連絡があり、

「アメリカに来てみないか！」

と言われたんです。目の前に突然、新しい景色が広がったような気がしました。

高校3年といえば進路の選択の時期です。僕は、自分の進路に迷いを抱えていました。このままいけば、いずれ柳川高校に復学し、大学入学を目指すことになります。進んでいくはずのレールが具体的に見えてくるにつれて、

「それで本当にいいのかな？　自分は満足できるのかな？」

というモヤモヤした気持ちが生まれていたのです。

それが、ボブの言葉で一瞬にして吹き飛びました。

「トライしてみたい！」

こうなると、もう誰も僕を止められません。両親には、アメリカで必ず高校を卒業して大学にもいくと約束し、１９８５年の秋、18歳で単身アメリカへ。

こうして僕は、ボブがいるフロリダのテニス・キャンプに入門し、毎日ひたすらボールを追い、体力強化に励《はげ》む生活を送るようになりました。ほんの数ヵ月前には考えられなかった急展開です。

有名テニスプレーヤーたちと練習できる環境は楽しかったけれど、すぐ言葉の壁にぶつかりました。言葉が通じないと何も行動を起こせず、歯がゆくてしかたありません。

そこで、思い切って自分のまわりから日本語を全部消し去りました。辞書以外の日本語の本や音楽テープなどを捨て、日記も英語で書くようにしたのです。すると、3ヵ月ほどで英語がスッと耳に入って相手の言うことが理解できるようになりました。自分の思いや言いたいことも、徐々になんとか伝えられるようになっていきました。

できるかできないかは、やってみなきゃわからない

渡米した翌年の5月に地元のハイスクールを卒業し、アメリカの大学に進学しようとしていたとき、ボブが意外なことを言い出しました。

「腕試しに、プロの試合に出てみよう」

その時点でも、僕はプロになるつもりはまるでなく、別世界のことだと思っていました。

「えー！　勝てるわけないよ」

尻込みする僕に、ボブは真剣な顔で力を込めて言うのです。

「つまらない恐怖心を抱くな！　人間には思いもよらない力があるんだ」

そう言われ、僕の心も決まりました。

「よし、やってみよう！」

誰でもエントリーできるトーナメントで腕試しをはじめたところ、予選７試合と本戦４試合を勝ち抜くという予想外の好成績。

するとボブは、またしても意外なことを言いました。

「いっそのこと、大学進学はやめてプロになってみたらどうか。５年間とにかくテニスだけに力をそそげば、シュウゾウなら世界でトップ１００に入れるかもよ！」

そう、Ｍａｙｂｅ（かも）がついていたんです。でも、ボブは「才能がない」と言われ続けた僕のテニスを、はじめて認めてくれた人です。その彼が「世界トップ１００に入れるかもしれない」と評価してくれたのです。僕の心は激しく動きました。


できるかできないかは、やってみなければわからない。

世界で１００位以内になれば、グランドスラム（全豪オープン、全仏オープン、ウィンブルドン選手権、全米オープンの四大大会）の本戦に出場できる。すべてのテニスプレーヤーにとっての憧れ、ウィンブルドンにも出場できる――。


夢のような話です。

大学に進むつもりだったので、この問いかけは人生を大きく左右する言葉です。さすがに即答できませんでした。

そうして考えに考え抜いた末、僕はプロの道を選びました。

「出会い」は求めて引き寄せる

新しい世界に飛び込むときは、誰でも不安で自分に自信が持てず、尻込みしてしまうもの。そんなとき、自分の背中をポンと押してくれる力強い「言葉」があれば、一歩を踏み出す勇気が湧いてきます。それがきっかけになって、潜在能力を開花させることも多いと思います。

あなたのまわりにも、そんな言葉をかけて背中を押してくれる人がきっといるはずです。家族、友達、先生、監督やコーチ、先輩や上司……。これからのさまざまな出会いのなかでも、そういう存在がきっと見つかるはずです！

これまで、僕の人生にはいろいろな人との出会いがありましたが、いちばん大きかったのはボブとの出会いです。僕は根本的に弱い人間ですが、人に強くしてもらった部分は大きいと思います。なかでもボブは、「自分は弱い。未知の世界に飛び込むなんてできない」と思っていた僕に、「そうじゃないんだ。頑張りしだいで新しい世界を自分で切り開いていける力が、おまえにはあるんだぞ」と気づかせてくれました。

そういうきっかけがなければ、僕はプロテニスプレーヤーになっていなかったでしょう。出会いというのは、このように人の人生を大きく変えることもあるほど大きなものなのです。

出会いに関して、僕の好きな言葉があります。哲学者で教育学者の森信三《もりしんぞう》先生の言葉です。僕は森先生の『一日一語』などの著書を読み、先生の考えに影響を受けてきました。


人間は一生のうち逢《あ》うべき人に必ず逢える。しかも、一瞬早すぎず、一瞬遅すぎないときに。しかし、うちに求める心なくば、眼前にその人ありといえども、縁は生じず。

――『一日一語』致知出版社

人は、出会うべき人と絶妙のタイミングで必ず出会える。ただ、自分の心が求めていなければ、目の前にその人がいても縁は生まれない、という意味です。

僕自身、ボブ・ブレットとの出会いを求め、「いまか、いまか」とずっと待ち構えていたんだと思います。だからこそ、自分の進路を決める大切な時期に一瞬も早すぎず遅すぎず、彼との縁が生まれたのでしょう。

今日の僕があるのはボブのおかげです。いまも毎年来日してもらい、僕が関わるトップジュニア選手の強化合宿で指導をお願いしています。

求める思いの強さが大事な人との出会いを引き寄せ、その後の自分の運命を変えることもある。だからあなたも「求める力」を持ち、どんな小さな出会いでも大切にしていってください。きっと、すばらしい出会いが待っているから！

すべて自分でやってみる

プロとして転戦するようになった僕は、それまで経験したことのない厳しさを味わいました。第一の苦労はお金でした。遠征資金はそんなにありません。

信じられない人も多いかもしれませんが、当時はまだインターネットのない時代です。安い旅行会社を探す情報源はクチコミしかなく、試合会場で情報を聞き込みしました。試合に負けたら、すぐ飛行機やホテルを手配し、次の試合会場へ移動しなければなりません。

空港のカウンターで航空券を買うときは、いちばん詳しそうな人を見極めます。航空券のことにかなり詳しい人でなければわからないほど、安いチケットを買っていたからです。

欧米での移動は、仲間とレンタカーを使うか、バスか電車。ほかの国の場合は格安チケットを探し回ります。数十キロの荷物をかついでの移動でした。

泊まるホテルは、シャワーもトイレも部屋にない三流以下。ほかの選手とホテルの部屋をシェアして、床に寝たこともあります。もちろん洗濯も自分でしました。

食事はハンバーガーと水だけのことが多く、ホテルで隣のテーブルの人が残していった朝食のパンを、こっそり頂戴《ちょうだい》したこともありました。

テニスの場合、何もかも自分で考え、自分でやらなければなりません。日本人は「なんでも自分でやるタフさ」に欠けるところがあると言われますが、僕はなんとか踏ん張ることができました。プロ選手は誰でもここからスタートするものだとわかっていたし、なにより、大好きなテニスを仕事にしたことが嬉しかったからです。

「よーし、次の試合へ行くぞ！　テニスができて幸せだな〜♪」という感じ。

〝幸せ度〟って、自分の考え方しだいで変わるものです。

いま思えば、すべて自分でやっていたこの時期が、最も強くなる可能性を秘めていた気がします。

ビリは伸びしろトップ！

プロになって6年後の1992年4月、僕は韓国オープンの決勝で、フルセットの末に勝利を収めました。子供のころに「才能がない」と言われ続けた僕が、日本の男子選手としてはじめて、ATP（男子プロテニス協会）ツアーのシングルスで優勝！

「自分には生まれつき才能がないから、努力しても無理」と思っている人もいるかもしれませんが、それは単なる思い込み。人は、変われるのです。

たとえばあなたは、「生まれつき走るのが遅い人は、努力しても速くなれない」と思っていませんか？　でも、努力すれば、その人は確実にいまより速く走れるようになります。なぜなら、走るというのはテクニックだから。

ただし、「頑張れ、頑張れ！」だけの根性論では強くなれません。それは〝正しくない練習〟だからです。正しいテクニックは、正しい方法の練習をコツコツやることで身につき、速く走れるようにもなるし、技術的にうまくもなれるのです。

ここまで言い切れるのは、僕自身、コツコツ努力してテクニックを身につけ、テニスがうまくなっただけでなく、高校生になるまで走るのが遅かったのを克服できたからです。

中学3年生のときの僕の身長は164センチ、体重は74キロ。そのうえ走る練習をなまけていたのだから、速く走れるはずがありません。テニスクラブの居残り練習で、毎日ダッシュを10本やっていましたが、いつも小学6年生の女の子に負けていました。

高校1年のときに「このままじゃマズイぞ」と思い、走ることに真剣に取り組みはじめました。どうすれば速く走れるようになるか知るために本や雑誌に出ている練習法を読んだり、走り込みをしたり。器用ではないので習得するまでには時間がかかったけれど、繰り返し繰り返し練習して、速くなっていったんです。

もちろん、たいした練習をしなくてもすぐに速くなる人もいれば、普通の速さになるまでに時間がかかる人もいます。でも、いまビリの人は、ほかの人より何倍も走ることを楽しめる！　なぜなら、ちょっと努力するだけで、いまより速く走れるんだから。

トップよりもビリのほうが、断然、伸びしろ（伸びていく可能性）が大きいんです。

伸びしろ的に言えば、ビリはトップ！

大事なのは、練習を楽しむこと。「どうせ生まれつき遅いんだから」と思っているうちは、練習に気持ちが入らないので楽しめないし、結果も出ません。自分なりの目標を決め、クリアできたら「頑張ったな！」と自分をほめてあげよう。そしてまたワンランク上の目標をめざして練習！　自分が決めた目標より上に行けたときの楽しさは、想像以上です。

「絶対に無理」と最初からギブアップして、やればできるようになることをやらずに楽しめないなんて、もったいないと思わない？

宿命は持って生まれたもの、運命はつくるもの

「運命で人の未来は決まっているから、努力しても無駄」という考え方の人もいるようです。

でも僕は、「宿命」は変えられないけれど「運命」は変えられる、と思っています。

宿命というのは、辞書的に言えば「前世から定まっている運命」のこと。文字のイメージからしても、「自分が生まれる前から棲《す》みついちゃってるな」という感じがします。たとえば、僕が松岡家の次男として生まれたことは宿命。僕らが人間として生まれてきたことも宿命です。これは、どう頑張っても変えられない。

一方、運命は、「人間の意志にかかわりなく、身の上にめぐってくる幸福や不幸」のことですが、「めぐりあわせ、将来のなりゆき」という意味もあります。文字のイメージからすると、「ものごとの運びようによって、変わってくるんじゃないか?」という気がします。必ずしも絶対的なものではなく、自分の受け止め方や行動でコントロールできるものだと思うんです。

僕の場合、父から言われ続けた「才能がない」「テニスをやめろ」という言葉があったからこそ、「負けるもんか!」と自分を奮《ふる》い立たせ、努力して強くなることができました。柳川高校への転校を決断したから攻めのテニスに変われたし、ボブ・ブレットと出会い、彼に背中を押してもらったことで、プロテニスプレーヤーになれました。

現役時代には、好成績を上げていた時期に両ひざの半月板を痛めて二度も手術をしましたが、あきらめずにリハビリに励みました。復活してつかんだのが、韓国オープンでの優勝であり、世界ランキング自己最高の46位です。この順位は、2011年10月に錦織圭選手が更新するまで、日本の男子選手が記録したシングルス最高位でした。

その直後に病気で長期入院し、失望と焦りにもがき苦しむ時間を経験しながら再び復帰。1995年には、小さいころから憧《あこが》れていたウィンブルドン選手権でベスト8に！　これは、けがや病気に何度も苦しんできた僕にとっての〝ごほうび〟だと思っています。

1996年には、念願だったセンターコートでの試合も経験できました。ウィンブルドン選手権が行われるテニスクラブのコートのなかでも、センターコートは世界中のテニスプレーヤーにとって特別な存在です。一年を通して大会期間中の2週間しか使用されないのです。

スポーツキャスターになってからは、こうした現役時代のさまざまな経験がアスリートの心理を理解するのに役立ち、さまざまな競技の選手たちから僕独自のアプローチで深い話が聞けているのではないか、と思っています。

もし、プロになる決断をしなかったら、ATPツアーでの優勝も、ウィンブルドンでのベスト8もセンターコートでの試合もなく、スポーツキャスターにもならず、いまごろは何かまったく別の仕事をして、「これがオレの運命だな」などと思っていたかもしれません。

運命というのは、どういう学校へ行き、どんな人と出会い、どんな経験や仕事をするか、そのなかで自分のどういう才能を伸ばしていくかによって、大きく変わると思います。

チャンスはどこにあるかわかりません。とらえ方によって、それがチャンスになるかどうかも違ってきます。ウィンブルドンのセンターコートに立てるのは強い選手ですが、見方を変えれば、その対戦相手となる〝強い選手と当たっちゃった選手〟だって入れるのですから。

運命がどこでどう変わるかは、すべて自分自身の気持ちや行動しだい。だから、「努力しても無駄」なんて思わないでください。

宿命は変えられないものとして受け入れる。そのなかで努力して〝いい運命〟をつくりあげていこう！

弱さを「前向き悔しさ」に変える──宮原知子

「自分の弱さに気づけば、運命を変えられる。弱さがあるのは、いいことなんだ!」

平昌オリンピックのとき、女子フィギュアスケートの宮原知子《みやはらさとこ》選手を見ていて、僕は改めてそう感じました。

知子さんにとって平昌への出場は最大の夢。何年も前から周囲の期待も集めていました。

しかし、2017年1月に左股関節の疲労骨折が判明。その後は四大陸選手権などの国際大会を欠場してリハビリを続け、5月に氷上での練習を再開したものの、夏には左足首をねんざ。さらに右股関節の骨を痛めるなど、けがが続き、オリンピックに出られるかどうかもわからない状況になってしまいました。

ジャンプの練習を本格的に再開したのは10月になってからでしたが、知子さんは12月のグランプリシリーズファイナル(GPファイナル)に出場しました。そのあとに行われる全日本選手権は、四連覇と平昌の出場権がかかる大事な試合なので、GPファイナルは欠場するという選択肢もありました。なのに、彼女はあえて出場を決断したのです。それは、彼女の運命を変えることになるかもしれない大きなリスクであり、ものすごいチャレンジでした。

そして、彼女はこのチャレンジに勝ちました。GPファイナルでしっかり演技できたことで自信をつかみ、全日本選手権四連覇を達成して、平昌への出場権をつかみとったのです。

ＧＰファイナルへの出場を決断したあのとき、彼女の心は大きく変わったのだと思います。平昌に来たときは、「オリンピックに出場できてよかった」という安堵《あんど》の気持ちのほうが強かったかもしれません。けれど、団体戦の女子ショートプログラム（ＳＰ）でジャンプの回転不足をとられ、得点が68・９５と伸びなかったことで、知子さんの闘志に再び火がつきました。個人戦では回転不足をとられないようにと、短期間で課題の克服に取り組んだのです。

結果は、ジャンプの回転不足を一度もとられることなく、ＳＰで75・９４点、フリーで１４６・４４点。いずれも自己ベストを更新する高得点で4位入賞！「また回転不足をとられるかもしれない」という不安もあったなかで、〝自分超え〟のとんでもない点数をたたき出したのです。

フリーの演技を終えた知子さんは、両手を突き上げてガッツポーズをし、喜びを爆発させていました。彼女のそんな姿を、僕はそれまで一度も見たことがありませんでした。

団体戦から知子さんの演技を見ていた僕には、「よくぞやったね！」という思いしかなく、試合直後のインタビューで、

「ショートもフリーも自己ベスト。本当に自分を超えた。おめでとうと言いたい！」

と切り出しました。ところが知子さんは、こう答えたのです。

「ものすごく悔しいです……」

自分の演技をやりきり、自己ベストをたたき出したなかで「悔しい」と言う彼女を見て、僕は本当に嬉しくなりました。もちろんメダルを逃した悔しさもあったでしょうが、それ以上に「私はもっとできるんだ」という思いにあふれ、さらなる〝自分超え〟を目指す、ものすごく前向きな「悔しい」だったからです。

以前の知子さんには、試合で緊張すると自分を出せなくなるところがありました。その弱さをいちばんよくわかっていたのは彼女自身です。

真面目で頑張り屋の知子さんは、「はい、ガッツポーズ」と言いながら手を上げてガッツポーズの練習をしたり、少しでも大きな声を出そうと、けがをしているときにボイストレーニングを受けたりしていました。

そうやって弱さを克服するための努力を地道に続けてきて、「やればできるんだ」と感じた知子さん。だからこそ、SPもフリーも自己ベストの演技ができたにもかかわらず、「自分にはまだ足りないところがある。悔しい」という気持ちが湧き起こったのでしょう。僕には、「知子さんに弱いところなんてひとつもない！」としか思えないのですが、彼女から見れば、自分のなかに弱さがあり、すべてを出し切って演技したことによって、まだまだ伸びしろがたくさんあることに気づいたのだと思います。

知子さんの悔しさは、「平昌前にあれをすればよかった、これもすればよかった」という後ろ向きの悔しさとは、まったく違います。今回気づいた弱い部分や足りない部分を、新たな成長への課題としてとらえ、次の目標につなげていく〝前向き悔しさ〟です。

そういうとらえ方ができる彼女に、僕は感銘《かんめい》を受けました。そして、「弱さがなければ次の目標がなくなり、そこで終わってしまう。だから、弱さがあるのはいいことなんだ！」と、強く感じたのです。

性格は変えられなくても、心は変えられる

「私はすぐにあきらめてしまう弱い性格です」と言う人がいます。

でも、すぐにあきらめてしまうのはその人の性格ではなく、心です。

性格というのは、人それぞれが持って生まれた感情や意思の傾向なので、変えることができないと僕は思います。言ってみれば「宿命」のようなもので、自分の性格が嫌いでも受け入れるしかありません。

けれど、心は変えることができます。

心というのは、知識や知恵、感情、意志などをひっくるめたもの。だから、知的刺激を自分に与えたり、いろいろな経験を積んだり、感情をコントロールしたり、なりたい自分や達成したい目標をはっきりさせることで、どんどん変わっていきます。

ものごとのとらえ方によって、心を変えることができるのです。

僕がそれに気づいたのは、なにより僕自身が苦しくなるとすぐにものごとをネガティブにとらえて、「できない」と思ってしまう心の弱い人間だったからです。

どうすれば心の弱さを変えて、やる気になれるのか――。その方法をあれこれ考えた末、つらい場面で「無理、ダメ、もうできない」という自分の心の声が聞こえたら、「できる！」と言い聞かせるようにしました。

これを何度も何度も繰り返していくうちに、本当に「できる！」と思うようになり、「性格は変えられなくても、心は変えられるんだ」と気づいたんです。

「できる」は、親や先生や上司など、まわりからも言われる言葉ですよね。「頑張れば、できるようになるよ」「キミなら、できるはずだ」と。

いまのあなたは、無理・ダメ・もうできない状態のなかで心が弱っていて、とてもじゃないけど「できる」なんて思えない状態かもしれません。でも、大丈夫。この本を読み進んでいけば、弱さを乗り越えて「できる！」と思える方法が、必ず見つかります。

「できる！」には、大きなパワーがあります。

周囲のみんながあなたを信じるパワー。あなた自身が自分を信じるパワー。そして、無理・ダメ・もうできない状態からの脱出にチャレンジしていくパワーです。

だから、僕は本気で言い続けます。どんな状況でも、あなたを応援するぞ！

「できる！　フレフレ！」

そう言いながら、じつは僕自身のことも応援しているのです。

さあ、自分を信じて声に出してみましょう。自分自身に魔法をかけるんです。

「僕だから、できる‼」

「私だから、できる‼」

「フレフレ、自分‼」

……できた！

第2章
夢は「つくる」もの

「夢がない」は悪いことなのか？

「なりたいもの、やりたいことがわからない。夢を持っていない自分って、おかしいのかな？」

本書を手に取ったあなたはいま、自分の心がわからなくて不安になっているかもしれません。

大丈夫！　50歳になった僕だって、自分の心がわからなくなることがあるんですから。「こんなんでいいのか、オレ？」って、しょっちゅう悩んでいます。

「夢は特にないです」「何がやりたいのかわかりません」というのは、けっして悪いことではない、と僕は思います。むしろ、誰かの意見に流されて進路を決めたり、「友達がやっているから」という理由だけで習い事をはじめたりするより、はるかに自分の心に正直だと言えるのではないでしょうか。

もちろん、夢はあるほうがいいに決まっています。でも、「大きな夢を持て」と言われても、自分を取り巻く環境や心の状態によっては、「夢なんてない」「とても持てないよ」という時期だってあるでしょう。

いまはでっかい夢に向かって走り出すことができなくてもいい。それでも、「地道にちょっとずつ何かを続けていくことはできるかな？」と思えるのなら、小さな目標をつくり、その目標を達成するために努力を積み上げてみよう。

たとえば、毎日1行日記を書く。毎月1冊本を読む。ひとつだけでいいから、「これならできる」と思う家の手伝いを決めて続ける。家族や先輩から実社会の話を聞いてみる……。そうした積み重ねのなかで、「こんなことをしてみたい」「自分にはこれが向いているかも」と思えるものに自然と出会うはずです！

もし、「なりたいもの、やりたいことを、これから見つけたい」と思うのなら、まず、ふだんの生活のなかで自分は何が好きなのか、何がイヤなのかを意識してみましょう。

習い事、サークル活動、ボランティア活動などをしているなら、そのなかから将来やりたいことを見つけるという方法もあります。

ただ、それが「自分のため」にやっていることでないと、本当の面白さや喜びは感じられないと思います。

「親にやれと言われたから」「就職活動にメリットがありそうだから」といった理由でやっていると続かない。「自分が求めているものと、なんだか違う」と感じ、途中で心がなえて、本気で取り組めなくなってしまうケースが少なくありません。

その場合は、「なんだか違う」と感じるのはなぜなのか自分に問いかけ、その理由を紙に書き出してみましょう。紙に書いて整理していく過程で、「自分が本当にやりたいのはこれだ！」というものが見えてくることは多いのです。

「自分のトリセツ」を書いてみる

本気で一所懸命になれるものを見つけるには、「自分の持ち味（個性）って何かな？」と考え、知ることが大切です。

でも、人間は自分のことをよくわかっているつもりで、意外と自分について知らないんです。「何をやっても長続きしない」「人と接するのが苦手」「営業の仕事には向いてない」など、性格や仕事の向き不向きを自分で決めつけていたり、人から言われてそう思い込んでいることもあるかもしれません。

そこで僕がおすすめするのは、「自分の取扱説明書（トリセツ）」を書くことです。

ゲームや家電製品などのトリセツをじっくり読むと、びっくりするほどいろいろな機能がついていることがわかり、うまく使いこなせるようになりますよね。それと同じように、「自分のトリセツ」を書くと自分の個性がよくわかり、自分の持ち味を生かせるようになります。「やりたいこと」も少しずつわかってきます。

自分が持っているもの、な～んだ⁉　次ページの空欄にあなたのことを書き入れて、「自分のトリセツ」を完成させてみよう。人に見せるためのものではないので、苦手なことや短所も正直に書いてください。

あなた［名前：　　　　　　］の取扱説明書

基本機能

●好き・得意な勉強や仕事	●嫌い・苦手な勉強や仕事
●長所	●短所
●好き・得意なスポーツ	●趣味・習い事
●学校や会社での役割（係や委員など）	●その役割のためにしていること
●最近読んだ本のタイトル ●その本の面白かったところ	●その本のつまらなかったところ
●将来の夢	●その夢の実現のために頑張っていること

（まだ夢がはっきりしていない人は、あとで書き入れましょう）

応用機能「やる気スイッチ」

をすると元気になり、勉強や仕事を頑張れます。

使用上のご注意

［　　　　　　　　　］をされるとイラッとします。
まわりの人から［　　　　　　　　　　　　　］と言われると嬉しくなって勉強や仕事をしっかりやりますが、［　　　　　　　　　　］と言われるとやる気をなくしてしまうので、言わないようにご注意ください。

僕は現役時代から、こうやって「自分のトリセツ」をよく書いています。すると、「勉強不足のことがたくさんある。読んだ本もまだまだ少ないな」とわかって恥ずかしくなったり、「こういうこともできそうだぞ！」と新しい可能性が見えて元気が出てきたりします。

きっとあなたも、「こういうところを直せばもっとよくなるな」という点や、いままで気づかなかった得意分野などがわかります。「思っていたより、自分はいろんなことができるんだ！」という発見もあるはずです。

「自分のトリセツ」を書くのは、自分を第三者的な目で見るのと同じです。書けば書くほど本当の自分が見えてきて、やりたいことに優先順位をつけられるようになります。「いま、自分がいちばんやりたいこと」を知るためにも役立ちます。

「いま、自分がいちばんやりたいこと」にすべての能力やエネルギーをそそいでチャレンジすれば、たとえ失敗して心が折れそうになっても、立ち上がったときには確実に前へ進んでいます。本当の自分を知れば、失敗をいくらでもプラスに変えられるんです。

「～しなければいけない」から「できる」思考へ

アメリカ女子ツアーに参戦していたプロゴルファーの宮里美香《みやざとみか》さんを取材したときのことです。美香さんは、「I have to」の上に大きく「×」を書いた紙をゴルフバッグの中に入れていました。「それは何ですか?」と訊《き》くと、「私は have to 系思考をしがちなので、いつも持っているんです」と言います。

彼女はとても真面目なので、何をするにも「I have to〜（自分は〜しなければいけない）」と考えてしまうのだそうです。試合中、「勝たなきゃいけない、いけない、いけない」と、大事なときに have to 系思考にとらわれないように、この紙を持っているということでした。

あくまでも僕個人の感覚ですが、「I have to〜」には「自分以外の誰かのためにやる」という消極的なイメージがあるような気がします。主語は「I（私）」だけど、「自分から進んでやる」というよりも、「誰かにやらされている」感覚です。

では、「I can〜（自分は〜できる）」はどうでしょう?

こちらは、「自分のために、自分からやる」という自分主体の積極的なイメージ。行動のとらえ方が、「I have to〜」とはまったく違うように感じます。can 系思考をすれば、主体的で前向きな行動になり、〝やらされてる感〟にサヨナラできると思うんです。

勉強やスポーツや仕事は、have to 系思考にとらわれると〝やらされてる感〟に支配され、つまらないものになってしまいます。なぜなら、そこに自分の心が入っていないからです。

たとえば、あなたは小学生のころ、「正」の字を10回書きなさい、と言われたとき、どうやって書いていましたか?「先生に言われたから、やりたくないけど書かなきゃいけない」と

〝やらされてる感〟に支配されているときには、最初に横棒を一一一……と10回書いて、次に縦棒を丅丅丅……と10回書いたりしていたでしょ？　隠したってわかるよ、僕もそうだったから！

それでも最後には「正」という字にはなります。でも、そんなふうに書いていくことに、楽しさや達成感をおぼえるものでしょうか？　「あ〜あ、つまんないな」と思うだけですよね。

これを面白くするには、自分なりに考えながら「正」の字を1字ずつ書くことです。「なんでこの字ができたのかな？」と考えたり、字のバランスを変えたりしながら書いていけば、一回一回、自分の心が入っていき、面白く感じられるようになるはずです。

スポーツの反復練習もそう。ただ機械的に繰り返すのではなく、毎回毎回、正しいフォームやバランスを意識しながら繰り返すとそこにさまざまな発見が生まれて面白くなり、正しい基本も身についていきます。

「イヤなこと」を「チャレンジ」に――平野歩夢

仕事をはじめたばかりの人は、書類のコピーやお茶汲《く》みばかりで〝やらされてる感〟が大きく、「イヤだな」と思うことがあるかもしれません。そんなあなたに、スノーボード男子ハーフパイプの平野歩夢《ひらのあゆむ》選手の言葉を贈ります。

平昌オリンピック日本代表選手団の帰国報告会で、ソチに次ぐ2大会連続銀メダルを獲得した平野歩夢さんに話をうかがう際、僕はこんなふうに切り出しました。

「失礼なことを言いますが、平野さんはソチからの4年間で、アスリートとしても一人の人間としても、ものすごく成長したと思います」

ソチで銀メダルを獲《と》ったときの平野さんは15歳で、発する言葉も少なく、インタビューで自分の考えを表現することはほとんどありませんでした。けれど、今回の平昌オリンピックや帰国報告会では、自分の思いや考えをしっかりと自分の言葉として話してくださいました。また、その言葉の一つひとつに重みがありました。それを踏まえて、僕は「成長」と言ったのです。

「二度の五輪を通して、自分自身、どう変わってきたと思われますか？」

質問すると、平野さんからは想像もできない言葉が返ってきました。

「やりたくないことに挑戦してきたことが多かったので、この4年間は楽しいことよりイヤなことだらけでした」

やりたくないこと？　これを聞いた僕はとっさに、平野さんが伝えようとしていることは何かと考えました。そして、「イヤなことを続けると自分の可能性が見えてくる。それを自分で証明できた」と言っているように感じたのです。そうとらえると、これは、みんなに勇気を与えてくれる言葉なのではないか、と思いました。

以前の平野さんは、スノーボードが楽しくてしかたないから練習しているように見えました。「あえてイヤなことに挑戦する」というイメージは、正直あまりありませんでした。けれど、ソチからの4年間、彼は大技の着地に耐えるために体をより強化し、暇さえあれば腹筋を繰り返していました。トレーニングや体のケアはもちろん、食事面やふだんの生活面でも、自分で「やる！」と決めたことを地道に続けてきたのでしょう。

彼のような天才肌のアスリートにとって、地道な努力を繰り返すことほど「イヤなこと」はないと思います。でも、平野さんは自分の心と闘いながら、たくさんの「イヤなこと」をずっとやり続け、それによって成長したのです。

僕は、帰国報告会の会場にいた子供たちに呼びかけました。

「聞いたか？　夢をかなえるためには楽しいことだけじゃダメだよ！」

平野さんのように夢に向かって歩みたいなら、あえてイヤなことにも挑戦してほしい、と思ったからです。

平野さんは、「イヤなこと」を have to 系思考でやってきたのではありません。それをすることでスノーボーダーとしてもっと成長できるという can 系思考で取り組んできたと思います。〝やらされてる感〟はまったくなく、「すべてが金メダルへの前向きなチャレンジだ」と、とらえていたはずです。

平昌オリンピックの男子ハーフパイプ決勝で、優勝を争うライバルのショーン・ホワイト選手と、互いにすべてを出し切って繰り広げた闘いそのものが、まさに「金メダル」。そういう至高の瞬間に触れたことで、彼が競技者として、また一人の人間として得たものはたくさんある——僕はそんなふうに感じました。「楽しいこと」も大事。でも、「イヤなこと」は最終的に報《むく》われて、すごい力をくれるのです。

平野さんだけでなく、「イヤなこと」は間違いなく自分を成長させてくれると、僕自身も信じています。だから、僕のなかでは「イヤなこと」は「いいこと」。「これイヤだなあ……」「面倒くさいなあ」と思ったら、

「よし、やったじゃん！」

そんなとらえ方をしています。

あなたも、「イヤなこと」を自分から進んでやってみてほしい。

そのなかに面白さを見出すには、いい意味で自分中心に動いていくことが大事です。自分中心でいいんです。自分にしかできないやり方を工夫すれば、「イヤなこと」がたちまち「チャレンジ」に早替わり！

たとえば、やらなきゃいけないことや受けた仕事を、「5分で終わらせる！」と決めてとりかかったとしたらどうでしょう。ポジティブな気持ちで自分にプレッシャーを与えれば、脳も活発に働き、「よし、頑張ろう！」と集中できるはずです。

こうやって、あらゆることに自分で工夫するクセをつければ、「ど～でもいいよ、面倒だ

な」と思っていたことも楽しめるようになります。「好き！」と感じることが増えていき、確実に前向きになれます。

夢に近づくためのノート術

「将来やりたい仕事はあるけど、夢を実現できるか不安だな」と、あなたはいま、思っているかもしれません。やりたい仕事に就《つ》ける人ばかりではないので、不安になるのは当然です。不安になるのは、それだけあなたが夢に対して真剣になっているからなんです。

自分のやりたいことがわかっているなんて、すばらしい！

どうか、その夢を大切にしてください。どうすれば夢がかなうか自分の頭で考え、目標に向かって努力していってください。そうすれば、実現できる確率はどんどん高くなっていきます。

そして、かなえたい夢は、恥ずかしがらずにどんどん口外してしまおう！

「『プロのテニス選手になりたい』なんて言ったら、きっとみんなに笑われるだろうな」

「自分で会社をつくりたいって言ったら、バカにされるかな」

なんて思う必要、いっさいなし！

思いを言葉にするのは、自分の心と語り合うことです。繰り返していけば、夢をかなえるためにいったい何が足りないのか、いまの自分は何をすればいいのかが見えてきます。

そして、夢を実現させるためには、身近な目標をいくつかつくるといいでしょう。いきなり大きな夢をかなえるのは不可能なので、夢に近づくために「身近な目標」をつくり、その目標をやり遂《と》げるためにいま実行できる具体的な方法を考えるのです。きっと、「いま、できること、やるべきこと」が次々と出てきます。

夢はでっかく、目標は身近に！

やり方は超簡単。次のページのサンプルを参考にして、「夢に近づくためのノート」を書いてみましょう。

このように「いくつものステップ」に分けて書くと、「いま、何をすればいいか」がクリアになります。

さあ、あなたはどんな夢や目標を書くのかな？　想像すると僕までワクワクします。

書き終えたら、いまの自分が本当に実行できることからクリアしていきましょう。それをひとつやれば、夢に一歩近づいたことになります。もうひとつやり遂げれば、また一歩近づける！

やり遂げたことは、そのぶんあなたを成長させてくれるし、より前向きな方向にプッシュしてくれるはずです。

夢に近づくためのノート

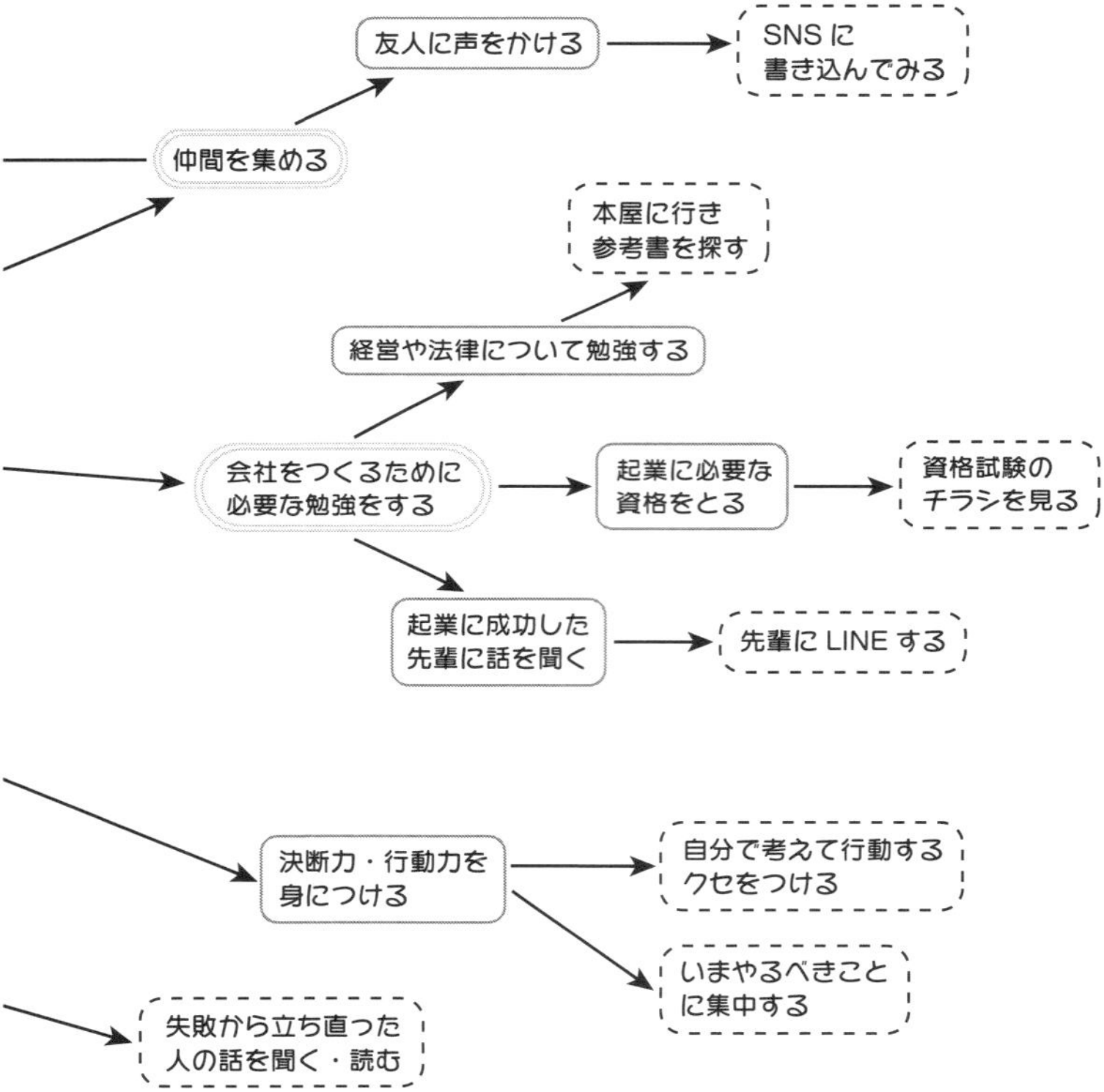

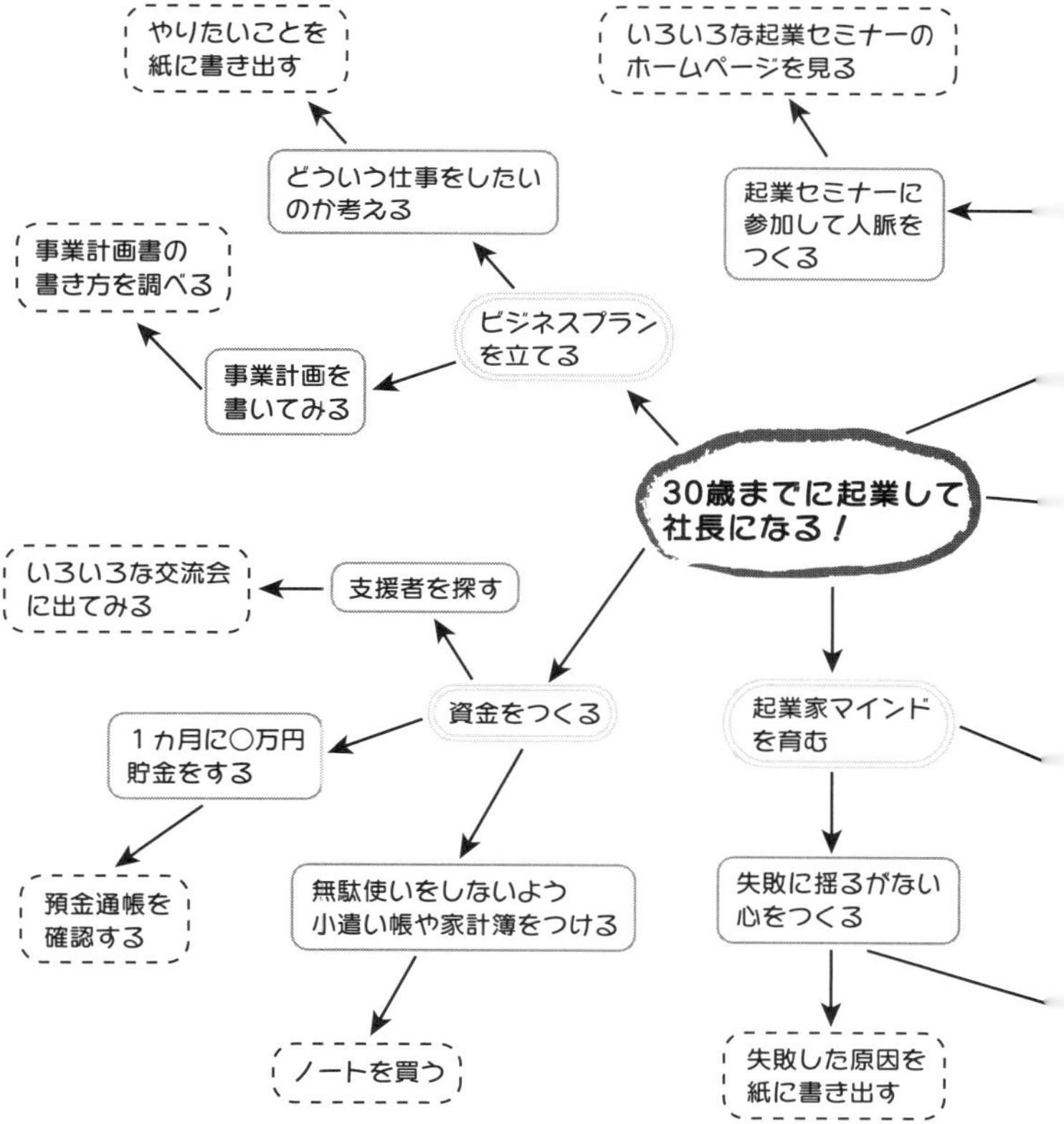

【書き方】

①太い線で中心に丸を描き、そのなかにあなたの夢を書いてみましょう。

②その夢をかなえるために何をすればいいか、身近な目標をいくつか考え、①のまわりに書いて、それらを二重線で囲みます。

③その目標を達成するための方法を考え、②の目標のまわりにそれぞれ書いて、実線で囲みます。さらにその先に、いまの自分が本当に実行できることを具体的に考えて書き、それらを点線で囲みます。

「やってもやっても、夢の実現にはまだまだ遠い。遠回りしてるんじゃないかな?」と感じることもあるかもしれません。

それって、うらやましい!

なぜなら、夢が大きければ大きいほど、「やらなければならないこと」はたくさん出てくるから。遠回りに感じるのは、あなたの夢がそれだけ〝でっかい〟っていうことなんです。

自分だけの「夢に近づくためのノート」をつくれば、先にある大きな夢に引っ張られて、身近で小さな目標をひとつずつクリアしていく嬉しさや楽しさが実感でき、さらにやる気が湧いてくるはずです。あとで読み返して、次の目標をつくったり、まだ足りていない点を見つけたりするのにも役立ちます。

大事なのは、先にある夢がどれだけ輝いているか。心からかなえたいピカピカの夢なら、途中でくじけそうになっても、何度でもチャレンジしようというパワーが生まれてきます。

ゴールまでの工程を1万個に分けよ——成田緑夢

平昌パラリンピックの男子スノーボードクロス(下肢《かし》障がい)で銅、男子バンクドスラローム(下肢障がい)で金と、2つのメダルを獲得した成《なり》田《た》緑《ぐり》夢《む》選手は、夢や目標について独特のとらえ方をしています。

緑夢さんは幼いころから父・隆史《たかし》さんの指導でスノーボードに取り組み、高校時代からは、トランポリンとスキーハーフパイプで夏冬両方のオリンピックに出場する夢を抱くようになりました。トランポリンでは2012年ロンドンオリンピック代表の最終選考まで残り、フリースタイルスキー・ハーフパイプでは2013年の世界ジュニア選手権で優勝して、「翌年もいい成績を上げればソチオリンピックに出場できるかも……」と感じていたそうです。

しかし、ジュニア選手権優勝の2週間後、トランポリンの練習中の事故で左足に重傷を負い、半年間入院。手術を4回も受けましたが、左ひざから下の感覚を失いました。

その後、平昌パラリンピックをめざしてハーフパイプ競技に復帰。練習場所やスポンサーを自分で見つけ、自分の道を切り開いてきました。

緑夢さんの最終的な夢は、さまざまなハンディキャップと闘っている人、けがや病気で現役引退を迫《せま》られているような人たちに、夢や感動や勇気を与えられるようなアスリートになること。その夢をかなえるために、夏冬両オリンピックへの出場や、これまで経験したことのないスポーツに取り組むことを目標に掲《かか》げているのです。

どんな状況でもチャレンジを続ける〝冒険家〟の緑夢さん。そんな彼の好きな言葉がこれです。

「目の前の一歩に全力で」

平昌パラリンピック前に取材をさせていただいたときも、こんな話をしてくれました。

「いま、自分の手もとにロウソクが1本あり、向こうにもロウソクの光があるとします。まわりは真っ暗です。向こうの光まで行こうと思ったら、できることはひとつしかありません。目の前の階段を照らして、一歩ずつステップを踏むことです。向こうの光だけを見て進んだら、どっちに歩いているかわからなくなったり、石ころにつまずいて転《ころ》んだりするかもしれない。だから、僕にできることは目の前の一歩を全力で踏むことだけなんだよって、いつも自分に言い聞かせているんです」

向こうにあるロウソクの光は自分の夢や目標です。そこばかり見ていると、「まだ遠いな」「自分の歩みは遅いな」と落ち込むこともあります。でも、真っ暗ななかで目の前を照らして一歩ずつ進むときは誰もが必死で、落ち込んでいる暇《ひま》もありません。つまり、目の前の一歩に全力をつくせば心はブレない――と、緑夢さんは言っているのです。

そこで僕は、「一歩踏み出そうと思ってもあきらめてしまう人、無理だと思ってしまう人は、どうすればいいんですか?」と質問しました。そこから、不思議な会話が始まりました。

緑夢さん　「まず、その人の夢や目標を言ってもらいます。何か言ってもらえますか?」
修造　「じゃあ、テニスのグランドスラムで必ず優勝する」
緑夢さん　「はい、それがゴールです。ゴールまでの工程を1万個に分けてください」

修造「ええっ、1万個も!? 10ではダメですか?」

緑夢さん「ダメです。1万個が無理なら1000個でもいいから、細かい工程に分けます。いまは1万個に分けたとします。その1万個の、最初の〝1〟は何だと思いますか?」

修造「走るとか……?」

緑夢さん「ラケットのグリップを握る。これでいいんですよ。これが僕の言う『目の前の一歩』です。夢へのスタートなんです」

修造「それなら間違いなくできる! つまり、夢や目標を達成するまでの過程を、自分でもできるように小さく具体的に刻《きざ》むわけですね」

緑夢さん「10個に分けたらできないことは多いけど、1万分の1ならできませんか?」

修造「できることはたくさんありますね!」

緑夢さん「あります、あります。グランドスラムで優勝したいという夢なら、まずグリップを握る。『私は一歩が踏み出せない』と言う人がいますが、グリップを握れば、もう一歩踏み出したっていうこと。次は『テニスボールを握る』かな? それでまた一歩進んだ。そうやって一歩ずつ進んでいけばいいんです」

緑夢さんは、いつもこうやって目標達成までの工程を細かく分けているといいます。このやり方に慣れているので、目標さえ掲げれば、頭のなかに1万個の工程がパッと浮かんでくるというから驚きです。彼は、こうも言いました。

「『できない』と思うのは、よけいなことをいろいろ考えすぎちゃうからですよ。へただからとか、日本人だからとか、いろんなことを考えると、『グランドスラムで優勝なんかできない』っていうことになっちゃう。でも、子供は何も考えずに『グランドスラムで優勝したい！』って言いますよね。僕たちも、子供みたいに本当にシンプルに、『こんなことができたら嬉しいな』と思って目標を掲げればいいんです」

彼の話を聞いているうちに、僕はなんだか童話の世界にいるような気がしてきました。ポジティブで、自由で、大らかな〝緑夢（グリム）童話〟の世界に——。

もし、あなたが夢や目標をあきらめそうになったら、「目の前の一歩に全力で」という彼の言葉を思い出してください。〝緑夢童話〟の世界にしばらくいれば、きっと、子供のようにシンプルに自分の夢や目標を語れるようになると思います。

「自分がやりたいこと」なら迷わずGO！

「やりたいことがあるけど、親がダメだって言うから、やめようかな」

「こういう仕事に就きたいんだけど、友達に『やめたほうがいいよ』と言われた」

「挑戦して失敗したら笑われるかもしれないな」

こんな気持ちになったことはありませんか？

人の言うことって、気になりますよね。僕？　そう見えないかもしれないけど、気になることはしょっちゅうあります。

将来のことを決めるときに周囲の人に相談して意見を聞くのはいいことだし、人の意見はきちんと聞いてほしい。でも、人は〝勝手なこと〟を言うものです。友達だって先輩だって、ときには親や先生や上司だって、勝手なことを言うときがあります。それに振り回されて自分の気持ちを変えたりするのは、問題だと思いますよ。

たとえば、僕は柳川高校時代に、監督からラケットの握り方を変えるように言われたことがあります。でも、そのグリップが合わないことは僕自身がいちばんよくわかっていました。だから、言われた通りに持ち方を変えて、わざとミスショットを連発しました。叱《しか》られるのは覚悟のうえ。言葉で「いやです」と言うより、やってみせて自分には向いていないことを見てもらうほうが早いと思ったからです。

監督は器《うつわ》の大きな人だったので、「好きにやっていい」と僕のスタイルを認めてくれました。もし、そこでラケットの握り方を変えていたら、僕は世界の舞台には出ていけなかったと思います。

イチロー選手にインタビューさせていただいたとき、彼にも同じような経験があることを知りました。

イチローさんは、オリックス・ブルーウェーブからメジャーリーグ球団シアトル・マリナーズに移籍しました。そのとき、「振り子打法」と呼ばれる独特のバッティングフォームを一般的な打ち方に変えるようコーチから言われたそうです。でも、ちょっと違う打ち方をしただけで、頑《がん》として自分のフォームを変えなかったそうです。

その理由について僕がたずねると、イチローさんはこう答えるのです。

「人の意見や評価ほど、あいまいなものはないから」

自分の思いを貫き通すことの大切さを教えてくれる言葉です。まわりの評価をつい気にしてしまう心の弱い僕は、この言葉に大いに勇気づけられました。「人の意見にまどわされて心の軸がブレてはいけない。すべてを受け入れる必要はないんだ」と言ってもらえたようで、すごく安心できたんです。

もちろん、「人に言われたことはすべて拒否しろ」と言っているのではありません。人の意見は自分にとってひとつのアドバイス。それを試してみることもとても大事です。そこから学ぶこともあるし、やってみてうまくいけばラッキー！　うまくいかなければいかないで、「このやり方は自分には合わないんだな」ということがわかります。

また、自分の思いを貫いた結果が、すべてうまくいくとは限りません。「人に言われた通りにやっておけばよかったのかな」と思うことが、僕にはよくあります。それでも、自分自身が決断したことならきちんと反省できるし、同じような失敗を重ねるうちに、「あ、こういうとらえ方もできるんだ！」と視野が広がります。失敗をプラスに変えることもできます。

いちばん良くないのは、「人に言われたから、こっちでいいか」と、他人に流されるような感覚で行動してしまうことです。それで成功しても、「自分で決めた」という満足感や達成感はないし、失敗すれば、「あの人が言ったからやったのに」と、アドバイスしてくれた人を恨《うら》んだり、失敗をその人のせいにしてしまうかもしれません。プラスの要素は何も得られません。

さらに怖いのは、そういう習慣がすっかり身についてしまって、アドバイスされるたびに自分の考えを変えて、人から言われた通りにしか行動できなくなってしまうことです。そうなると、〝自分〟がどんどん失《な》くなっていき、何をやっても〝やらされてる感〟にとらわれてしまうようになります。

もし、あなたのやりたいことや仕事が友達に反対されているのなら、別の友達や先輩などの意見を聞いてみてほしい。きっと、いろいろな見方を知ることができ、視野も広がるはずです。

たとえば、あなたがいま学生で、やりたいことを親に反対されているとします。ならばまずは、冷静に話し合ってみる。あなた自身がどうしたいかをはっきり伝え、なぜ反対なのか理由をしっかり聞いてください。

チャレンジには常にリスクもあります。「失敗したら、人から何を言われるかわからない。この子は立ち直れなくなってしまうかもしれない」と、親は心配しているのかもしれません。そのときあなたは、「人から何と言われても、自分はこうしたいんだ」と、堂々と胸を張って主張できますか？　そこまでの強い気持ちがあれば、親の考えも変わるかもしれません。

親は世界中の誰よりもあなたのことをよくわかっているので、「たしかに自分にはそういう弱さがあるな」と思うかもしれません。そのときは、夢を心のなかであたためながら、まずは自分の弱さを克服していこう。「よし、やってみなさい！」と親に言ってもらえるまで頑張り続けるあなたを、僕は全力で応援します！

50歳のチャレンジ、ドラマ『陸王』

第1章でお話ししたように、僕の夢は、ウィンブルドンのセンターコートに立つことでした。そして、僕はそこに立ちました。

僕の第2の夢は、僕に続く日本の男子テニス選手がこのセンターコートに立つこと。その夢は、2010年と2016年のウィンブルドン選手権で錦織圭選手が達成してくれました。しかも圭は、2012年のロンドンオリンピックでもセンターコートに立ったんです。

それで松岡修造の夢は終わった――なんて思わないでください。夢は、かなえたあともどんどん生まれてきます。自分で生み出すことができるんです！

僕のなかで生まれた第3の夢は、テニスに関していえば、日本の男子選手がグランドスラムで優勝すること。そのためにジュニア選手に多くのことを伝え、指導していくことが自分の役目だと思っています。

第3の夢はまだまだあります。ひとつは、あなたたちを応援すること！

さらにもうひとつ、じつは、「演じる」という夢がありました。30歳で現役を卒業し、「何ができるのか？　何がしたいのか？」と自分の心に問いかけたとき、僕のなかには演じることへの興味があったのです。

ただ、そのとき僕が出した答えは、「まずは、自分のやってきたことが武器になることからはじめよう」というものでした。そして、テニスのトップジュニア育成からスタートし、まわりを応援することに生きがいを感じ、スポーツキャスターとしてたくさんの貴重な体験をさせていただきました。

その間も何度か、「演じてみませんか？」と声をかけていただくことはありました。しかし、これまでつくりあげてきた自分を変えるほどの覚悟は持てず、2020年の東京オリンピック・パラリンピックに向けて突き進み、心から充実した日々を送っていました。

そんな2017年のある日、TBS系日曜劇場の連続ドラマ『陸王』（池井戸《いけいど》潤《じゅん》さん原作）への出演依頼をいただいたのです。

「スケジュール的に厳しい」「恵まれた仕事をさせていただいているなかで、いま本当にすべきことなのか」と悩みに悩みました。

「オレは逃げているだけじゃないのか？　このチャンスをつかまないと永遠に後悔するかもしれないぞ」

こんな問いかけを続けるうちに、気がつくと僕の心の声が叫んでいました。

「やりたい！」

50歳になった松岡修造が、「心からやりたいこと」へのチャレンジ！　こうして僕は、このドラマに参加させていただく決断をしました。これまでの人生で、最も迷った末の決断でした。

撮影に参加した約1ヵ月間は、自分の演技のできなさ加減に反省と後悔の連続……。でも、その一方で、心から演じることを楽しんでいました。本当に幸せで、本気の時間でした。あれだけ充実して自分のすべてをかけたことは、これまでの人生でもそうはなかったと思います。

再び〝応援人〟に戻ったいま、はっきりと言えるのは、「自分がやりたいことに挑戦して本当によかった。若いころの夢をあきらめないでよかった！」ということです。

夢は、すぐにかなえることができなくても、いつか実現させるチャンスがやってくることもあるんです。そのチャンスがきたら、怖がらずにつかみにいってください。

50歳の僕でもできたんだから、若いあなたにできないわけがありません！

100回たたいても破れない壁を「あと1回」たたけるか

『陸王』は、100年の歴史を持つ老舗足袋《しにせたび》メーカー「こはぜ屋」が、足袋づくりの技術を活かしてランニングシューズ「陸王」を開発し、日本一をめざすという物語です。

「こはぜ屋」の宮沢紘一《みやざわこういち》社長（役所広司《やくしょこうじ》さん）は、資金不足や人材不足、大手企業からのいやがらせなど、さまざまな壁に直面し、一度は「陸王」の開発をあきらめかけてしまいます。

そんなとき、「こはぜ屋」を応援する元銀行員の坂本太郎《さかもとたろう》（風間俊介《かざましゅんすけ》さん）から、「銀行が追加融資をしてくれないからといって簡単にあきらめるべきじゃない」と説得されます。その言葉にやる気を取り戻した宮沢社長は、こう言います。

「『陸王』をあきらめることを、銀行のせいにしていた気がする。坂本さんは、銀行員が100人いたら100人とも、うちへの融資を断ると言っていましたよね。ならば101人目に当たってみようと思う。やれるだけやって、どうしてもダメだったときは、自分で決断してあきらめたい。悔いの残らないあきらめ方をしたい」

宮沢社長の言う通りです。

僕たちが夢を実現するまでには、いくつもの壁が目の前に立ちはだかります。そのとき、「100回たたけばこの壁は破れるよ」と言われれば、誰だって100回たたくはずです。

けれど実際には、その壁が何回たたけば破れるのか、誰にもわかりません。

ずっとたたき続けるうちに、

「疲れた。もうやめちゃえよ」

「もっと楽しいことをしようぜ」

といった誘惑の声が聞こえてきます。人間だから当然のことです。「自分はいったい何をやっているんだろう」と、イヤになってしまうこともあります。

そこであきらめてしまう人もいれば、粘《ねば》り強くたたき続けて壁をぶち破る人もいます。この2人の差は、「あと1回」壁をたたくことができたかどうか、の違いだけかもしれません。

宮沢社長は、あきらめずに粘り強く壁をたたき続けることを選びました。その結果、「陸王」には注文が殺到し、「こはぜ屋」は急成長していきます。

宮沢社長のような粘り強さを持つことは、夢をかなえるためにとても大切です。

夢というのは、ただまっすぐに突き進めばかなえられるというものではありません。むしろ、いろんな方法を使ってたどりつくことのほうが多いかもしれない。

ひとつの方法がダメだったからといって、「じゃあ、別の夢を考えます」というのではなく、違うやり方をいろいろと考え、自分を信じて粘り強く壁をたたき続ける。それが、次への扉を開くのです。

勝負しないとパスは二度と回ってこない——田臥勇太

日本人としてはじめて、アメリカのプロバスケットボールリーグの最高峰NBAのプレーヤーになった、田臥勇太《たぶせゆうた》選手。現在は、Bリーグ（日本のプロバスケットボールリーグ）で「リンク栃《とち》木《ぎ》ブレックス」のキャプテンとして活躍しています。

バスケットボールの選手には身長2メートルを超える人がざらにいますが、田臥さんは173センチと小柄。

僕だったら、「背が高ければこんなプレーもできたのに……」と思ってしまうところです。ところが彼は、「身長の違いは気にならない」と言います。

「むしろ、背が低いから何ができるのかを探すことが面白い。たとえば、転がったボールを相手より速く飛び込んで、もぎ取る。そういうことで差が出ると、すごく嬉しいんです」

背が低いことを逆に自分の武器にして、大きな選手にはなかなかできないスピーディーな動きや、いろいろなスキルやテクニックで勝負しているのです。

もし、あなたのまわりに「小柄なのでスポーツで相手に勝てない。不公平だ」と言う人がいたら、体が小さいからこそできることがあるんだと、教えてあげてください。

スポーツは、ルールの面では絶対に公平だけど、体格の面では不公平もあります。でも、体が小さい人には、足の速さ、すばやい動き、器用さなど、逆に大きい人に「不公平だ！」と思わせるような強みが必ずあるはず。

僕は、それを〝自分不公平〟と呼んでいます。

〝自分不公平〟を強化していけば、弱点だった部分も武器になる。

田臥さんは小学2年生からバスケットボールをはじめ、秋田の能代《のしろ》工業高校時代には、3年連続でインターハイ、国体、全国高校選抜の三大タイトルを制覇。卒業後はハワイの大学や日本の実業団のチームで活躍しましたが、「NBAでプレーしたい！」という夢をかなえるために再び渡米しました。

それまで例のないことなので、どうすればNBAの選手になれるのかまったくわからず、自分でひとつずつ夢への扉をこじ開けていくしかありませんでした。しかし、「それでチャレンジ精神が培《つちか》われた」と言います。さまざまな苦労の末、2004年にフェニックス・サンズと契約し、ついにNBA公式戦デビュー！

でも、現実は厳しいものでした。

「まわりの選手は、小さいやつが何しに来たんだ？　という感じで、最初はパスも回してくれなかった。たまたま僕にパスがきたら、それをシュートに持っていく気持ちがないと、やる気がないと思われ、二度とパスは回ってこないんです」

毎日毎日、「とんでもない世界だな」と打ちのめされましたが、だからといって彼は、日本へ帰ろうと思ったりはしませんでした。「この厳しさを経験したくてアメリカに来たんだ」と、むしろ練習に行くのが楽しくてしかたなかったそうです。

けれどＮＢＡは、スター選手やレギュラー選手以外は「試合に出た翌日に解雇」すら当たり前の世界。田臥さんも、デビュー戦からわずか１ヵ月後に解雇されてしまいました。４試合に出場して、プレー時間は合計17分。

その後も、ＮＢＡへの復帰をめざして下部リーグでプレーを続けました。下部リーグにいても、どこで誰が自分のプレーを見ているかわからない、どんなチャンスがあるかわからない。だから、アメリカに居続けるのが当然だと思っていたのです。

夢をかなえたらリセットして前に進め！

アメリカの下部リーグで３年間プレーした田臥さんは、２００８年に日本に戻り、リンク栃木ブレックスに入団しました。ＮＢＡ復帰の夢をあきらめて帰国したと感じた人もいたかもしれませんが、「ＮＢＡへの思いは変わっていない」と田臥さんは言います。

「日本で自分がプレーできることを見せながらＮＢＡへの復帰をめざすのも、チャレンジの一つの方法。いまでも『ＮＢＡに練習に来い』と言われたら、すぐに飛んでいきますよ」

人がどう思おうと、田臥さんのチャレンジは続いているのです。

ほかの国のチームからも誘いがあったのに、日本でプロとしてスタートしようとしていたリンク栃木ブレックスに入団したのは、「プレータイムを充分にもらえて、いい意味で自分をアピールできると考えた」ことと、地元のサポーターや自分を必要としてくれるチームメイトの期待に応えたい、という気持ちからでした。

そしてリンク栃木ブレックスは、2016‐2017年のシーズンからBリーグに参加し、みごとBリーグ初代チャンピオンに輝きました！

もちろん、これからも田臥さんの夢は続きます。

「夢をかなえたら立ち止まらずにリセットし、どんどん前に進んでいかなきゃいけないと、NBAで学びました。栃木ブレックスは頑張ってBリーグのチャンピオンになったけど、ひとつの夢を達成したら、そこが新しいスタート。次のチャレンジは、より厳しくなっていく。だからこそチャレンジを続けていきたいし、ずっとバスケを続けたい」

この言葉を聞いて、僕は、脳科学者の茂木健一郎《もぎけんいちろう》先生と対談したときのことを思い出しました。対談のなかで、先生はこうおっしゃったのです。

「天才は努力しなくてもできる人というイメージがあるけど、じつは、ひとつのことをずっとやり続けている人なんだよね」

茂木先生によると、マイクロソフトをつくったビル・ゲイツさんは、高校時代からプログラミングに没頭《ぼっとう》し続けていたそうです。天才の代表みたいなアインシュタインは、「自分は天才ではなく、人より時間をかけて研究に取り組んでいるだけ」と言っていたそうです。

最近の認知科学界で注目されているのは、「Ｇｒｉｔ（グリット）」という考え方。日本語でいえば「継続力」。人が成功するかどうかを予測するための重要な要素は、才能ではなくＧｒｉｔだ、という説が注目されているそうです。この継続力は成功と深く関係していて、とにかくしつこくやり続ける人のほうが成功に近づける、ということです。

その意味で、田臥さんはまさに天才。「チャレンジし続ける天才」といえるでしょう。

田臥さんがアメリカで苦しみながら得たものは、「誰にでもチャンスがある、いつ何が起こるかわからない。だから、常にチャレンジし続けて自分のすべてを出そう！」という精神です。その精神がリンク栃木ブレックスに乗り移り、チーム内にも育っていったことが、Ｂリーグ初年度の優勝につながったのだと思います。

「幸せ」を決めるのは自分

背が低いという〝自分不公平〟を武器にし、ＮＢＡの厳しさに打ちのめされながらも練習に行くのが楽しくてしかたなかったという田臥勇太さん。彼は、心の底からバスケットボールが好きなのです。そして、好きなバスケットボールに本気で取り組んでいます。

人間、生きていてこれ以上の幸せがほかにあるでしょうか。

「好き」は必ず見つかりますが、「すぐに」というわけにはなかなかいきません。たぶん、世の中には好きなことがなかなか見つからなくて、なんとなく勉強をしていたり、なんとなく生活したり、なんとなく仕事をしたりしている人のほうが多いでしょう。

だから、「好き」を発見できただけでも幸せなこと。あなたが「好き」を見つけたときには、「やったぜ！　よっしゃーっ！」と叫んで大喜びしてください。

ただ、「好き」を自分の仕事にしても、給料が少ないとか、勤めている会社が小さいといった問題で悩むことはあります。

それでも、「好き」を仕事にしているのは幸せなこと。ほかの人と比べると幸せでないように感じてしまうときもあるかもしれませんが、気にする必要なし！

自分自身が幸せだと思うなら、それでいいのです。あなたが幸せかどうかは、人との比較ではなく、あなた自身の心が決めるものなんです。

田臥さんは、ＮＢＡとかＢリーグとかの環境ではなく、バスケットボールを通して自分自身が輝いていくことが大事、というとらえ方をしています。とにかくバスケットボールが大好きで、バスケができればそれで嬉しい、楽しい、という思い。

そういう思いをもって自分の「好き」に取り組める幸せを味わえたら、こんなすばらしいことはないと思いませんか？

第3章

崖っぷち、ありがとう！

ベストをつくして負けた？　いいぞ、成長してる！

大事な試合に負けた。

勉強や仕事でライバルに差をつけられた。

あなたにもそんな経験があると思います。いまがそのときで、しょんぼり悲しい顔をしているのかもしれません。

なかには、心にモヤモヤした暗雲が立ち籠《こ》めている人もいるでしょう。

そのモヤモヤ感は、本当はベストをつくさなかったから生まれてきたものじゃないかな？

「一所懸命やらなかった自分が悪いんだ。やればもっとできたのに、なんでラクなほうを選んじゃったんだよ」

と、自分に対するうしろめたさを感じているんじゃないかな？

おめでとう！　あなたは自分自身とちゃんと向き合えている！

うしろめたさを感じるのは、「本気にならなかった自分がよくない」と思っているからですよね。

人のせいにしていないからＯＫ！

ラクなほうを選んでしまったこともわかっているからＯＫ！

モヤモヤするのは、何が正しいことかわかっているからなんです。

だから、モヤモヤしたら喜んでしまおう。そして、自分を変えていくチャンスにしていこう！

もし、あなたが試合や試験のような勝負ごとに対して「適当にやればいいや」と中途半端《ちゅうとはんぱ》な気持ちで臨んだのであれば、そこは絶対に直すべきです。

なぜなら、中途半端な気持ちでトライしてダメだったときは、すべてが後悔になってしまうから。後悔だけで終わってしまったら、得るものは何もありません。

一方、ベストをつくした末の敗北や失敗は、「自分には何が足りなかったのか、どうすればよかったのか」という反省につながっていきます。本気で失敗して本気で反省すれば、「次にミスしないために、こうするぞ！」と、前向きな気持ちで次へ進んでいけます。

「おまえが悪い」と言われて落ち込むこともあるかもしれない。けれど、自分にできることをやりつくしたのなら、「負け」は悪いことじゃない。人からなんと言われても、気にしなくていい。

ベストをつくして勝負するときに、はなから「よし、絶対に負けるぞ！」「さあ、失敗するぞ」なんて思う人はいません。みんな勝つイメージ、成功しているイメージをつくりあげて勝負に臨みます。

それでも失敗してしまう。自分にイメージできなかったことが起きたわけです。

だからこそ、成長できるんです。
「ここが足りなかった」「こういうことをしていなかったからだ」と、いろいろなことに気づく。それが成長です。そこには、自分の足りない点に気づけた喜びや、「成長してる！」と実感できる嬉しさがあります。

本気で勝負をして失敗すれば、それまでとは違う発想力がどんどん出てきて、新しい発見がたくさんあるはず。だから僕は、子供たちや若い人たちにいつもこう言っています。

「キミたちは、まだまだ失敗をしていい年齢なんだ。失敗を失敗で終わらせるのではなく、そこからひとつでも学べばいいんだよ！」

そして、「ベストをつくせなかった」「自分を出し切れていない」と悩む人たちに、こんな応援メッセージを発信しています。

「噴水を見てみろよ。噴水は、喜びも悲しみも、楽しさもくやしさも、すべてを一所懸命出し切っている。だからあれほどキラキラ輝いているんだ。
キミも噴水になってみろよ。ひとつの所に命を懸けて、自分のすべてを出し切ってみろ！
きっとキラッキラに輝けるぞ！
今日からキミは噴水だ！」

同じ人間なんだから、勝てる！――高木美帆

平昌オリンピックの女子スピードスケートで、1500メートル銀メダル、1000メートル銅メダル、チームパシュート（団体追い抜き）で金メダルに輝いた高木美帆《たかぎみほ》選手。オリンピック一大会で三色のメダルを同時に獲得した日本選手は、冬季五輪では男女を通して初。夏季五輪をふくめても女子選手としては初の快挙です！

美帆さんは、2010年のバンクーバー冬季オリンピックに日本スピードスケート史上最年少の15歳で出場し、一躍注目を集めました。しかし成績はふるわず、4年後のソチオリンピックではまさかの代表落選――。僕だったら、間違いなく大挫折《ざせつ》しています。

ところが、2017年春にインタビューをさせていただいたとき、美帆さんが口にしたのは、「挫折って感じたことないんです」という意外な言葉でした。

その理由は、周囲の期待と本人の情熱との差にあったようです。もともと「どんなことをしてでもオリンピックに出てメダルを獲《と》る」という夢があったわけではないのに、運よく中学生のときに出場できた、と言う美帆さん。当時の彼女には、スケートにすべてをかけるだけの、そして挫折を感じられるほどの覚悟が、まだできていなかったのだと思います。

けれど、ソチオリンピックの代表選考会で、同じスピードスケート選手である姉の菜那《なな》さん

が選ばれ、自分は落選するという出来事が美帆さんの意識を大きく変えました。

オリンピックへの情熱が人一倍強い菜那さんは、妹に先を越された悔《くや》しさをバネにして練習に励《はげ》み、ソチへの切符をつかみとりました。そんな姉の姿を見て美帆さんは、自分に足りないものを感じはじめた、と言います。「ソチに向けてこの4年間、本当にすべてをかけて必死に頑張ってきたんだろうか?」と自問自答した結果、「ノー」という答えが突きつけられたのでしょう。

そんな美帆さんに、大きな転機が訪れました。2014年に日本ナショナルチームが発足し、翌年スケート大国オランダから、ヨハン・デビットコーチが招かれたのです。

彼が最も重視したのは、トレーニングをすべてデータ化することでした。たとえば、スケートに欠かせない自転車でのトレーニングでは、ハンドル部分に自転車をこいでいる時間や心拍数、ペダルをこぐ力を一こぎごとに計測した数字が表示され、そのデータを世界のトップ選手と常に比較する徹底ぶり。ウェイトトレーニングも、持ち上げるバーベルの重さ、バーベルを上げる回数や速度やパワーなど、さまざまなデータを計測します。

デビットコーチは、「いまの自分には世界チャンピオンになれる実力はない」と自信を持てずにいた美帆さんに、根性論ではなく、きちんとしたデータによって、「こんなにできているんだ」と示しました。自分の感覚を大切にする美帆さんのような選手には、いちばん適した指導法です。彼は、こう言いました。

「同じ人間なんだから、ブスト選手にも勝てる」

オランダのイレイン・ブスト選手は、冬季五輪三大会連続金メダルの絶対女王です。

「最初は半信半疑でしたが、この言葉はずっと心に残り、だんだん響くようになりました」

と、美帆さん。

こうして勝負へのこだわりを強く持つようになった彼女は、これまで日本の女子選手が苦戦してきた中長距離で、世界の頂点に手が届くまでの選手に成長していきました。そして、デビットコーチの言葉が「自分にもできる」という自信につながったとき、「平昌では勝つ！」という〝本気スイッチ〟が一気に入ったのです。

平昌では、集中すればするほど緊張が高まり、逃げ出したくなるような感情が一瞬よぎることもあったと言いますが、「ここで目をそらすのはイヤだ！」と、どんどん〝美帆ゾーン〟に入っていきました。すべてのレースを終えたときには、「オリンピックとはこんなに疲れるものなのか……」とはじめて感じるほど、自分のすべてを出し切ったのです。

本番とは「すべて」を出して楽しむ発表会

平昌オリンピック後の3月、美帆さんは、オランダのアムステルダムで行われた世界オールラウンドスピードスケート選手権（世界オールラウンド選手権）に出場しました。

この大会は、短距離から長距離まで4種目を滑《すべ》り、タイムを得点に換算した合計ポイントで総合順位を争います。ここで優勝した選手こそが「キング・オブ・スケーター」と讃《たた》えられるのです。美帆さんにとって、オリンピックとはまた違う憧《あこが》れを持つ大会。

試合は屋外リンクで行われ、しかも初日は雨の悪天候。「この天候と氷をどうクリアするか」だけを考えてレースに臨んだ美帆さんは、500メートル1位、3000メートル2位で、前半2種目を終えて首位に立ちました。

迎えた2日目。いよいよ美帆さんの得意種目、平昌で銀メダルの1500メートルです。その平昌で美帆さんを負かした地元オランダのブスト選手は、ここまで総合2位。優勝のゆくえを決める1500メートルのレースは2人の直接対決となりました。

ものすごい大歓声のなか、美帆さんは序盤から積極的に攻めていきます。

そして、わずか0・07秒差でブスト選手に勝ったのです！

続く5000メートルでも4位に入り、美帆さんは絶対女王・ブスト選手を制し、男女を通じてアジア人として史上初となる総合優勝の快挙を成《な》し遂《と》げました。

大接戦の末に1500メートルでブスト選手に勝ったとき、美帆さんには「平昌の借りを返した」という思いはまったくありませんでした。むしろ、「なんで平昌では勝てなかったんだろう」と改めて悔しさが湧いてきたと、大会から約1ヵ月後のインタビューで、僕に語ってくれました。

以前の美帆さんは、「バンクーバーでの敗北を悔しいとは思わなかった」「私にとってオリンピックは、自分のやってきたことをすべて出すという意味で〝発表会〟です」と語っていました。ある意味、さめた目でオリンピックというものを見ていたのです。

けれどこのときは、平昌でブスト選手に負けて大きな悔しさを感じたと、はっきり表現しました。ベストを出し切った一方で、順位やタイムをふくめて相手を意識していた自分もいたことを、率直に明かしてくれたのです。そして、こう語りました。

「以前〝発表会〟と言った裏側には、弱い自分を隠したい、という気持ちもあったかもしれません。メダルを獲ります、いいタイムを出しますと言って、もしできなかったらカッコ悪いと思ってしまうところが以前はあったので、はっきり口にすることもありませんでした。でも、いまは少し変わったのかな……と思います」

バンクーバーでの衝撃的なデビューと不本意な成績、ソチでの代表落選、平昌での逃げ出したくなるような緊張感を経験して、彼女の心は大きく変化しました。美帆さんは、オリンピックを通して栄光も挫折も味わい、それにより考え方や心のあり方を思いっきり変えていった選手です。

次のオリンピックへ向けてのスイッチは、「いままでの4年間を超える4年間にする覚悟がないと押せない」と言う美帆さんですが、平昌オリンピックやアムステルダムでの世界オールラウンド選手権を経て、新たなオリンピックのめざし方も見えてきたそうです。

それは、トレーニングやレースの戦略など、いろいろな面でスケートを楽しむこと。彼女の言う「楽しむ」は、「ラクなことを選ぶ」という意味ではけっしてありません。これまでのコーチの言葉や指導法を大切にしながらも、スケートへの取り組み方を新たに自分でつくり出し、挑《いど》んでいきたいと思っているのです。これはアスリートにとって魅力的な挑戦ですが、むしろ「苦しみ」に近いことでもあるんです。

でも、僕は思っています。この新たな挑戦が、今後の美帆さんのスケート人生の力になり、次の北京冬季オリンピックのモチベーション（やる気）につながるだろう、と！

「絆」パワーで日本初のメダル獲得——カーリング女子

カーリング用語では、ショットを相手のストーンにぶつけてハウスの外にはじき出すことを「テイクアウト」といいます。平昌オリンピックのカーリング女子3位決定戦で、日本チーム「ロコ・ソラーレ（LS北見《きたみ》）」は、ソチオリンピック3位のイギリスに5対3で逆転勝ちし、この競技で日本初のメダルをテイクアウトしてくれました！

チームワークを重視するカーリングは、ほかの団体競技のようにいろいろなチームから選手を選んで代表チームをつくるのではなく、チーム単位で争って代表を決めます。ロコ・ソラーレは、2016年の世界選手権で準優勝した実力のあるチームで、今回の銅メダルはけっしてラッキーではありません。平昌ではどのチームが勝ってもおかしくない状況で、日本がメダルを獲る可能性はかなり高かったのです。

しかし、日本は準決勝で韓国に7対8で惜《お》しくも敗れました。試合後にインタビューに行くと、メンバーはただ泣くばかり。

「その涙を、明日の3位決定戦での力に変えてほしい！」と、僕は心から願いました。

翌日、彼女たちはみごとに気持ちを切り替えて3位決定戦に登場。そして銅メダルを獲得しました。その間の一日は、選手一人ひとりがカーリングについて深く考え、とてつもなく成長した時間だったと思います。

メンバーが気持ちを途切れさせずに3位決定戦で粘《ねば》り強く戦うことができたのは、ロコ・ソラーレというチームの成り立ちと深く関係していると思います。

このチームは、主将の本橋麻里《もとはしまり》さんが２０１０年に北海道北見市常呂《ところ》町で地元のサポーターとともに結成し、メンバー5人全員が北見市の出身者。練習拠点がある常呂町では、約40年前からカーリングが普及しています。チーム名の「ロコ」は、「常呂っ子」と「ローカル」という言葉の響きを表し、「ソラーレ」はイタリア語で「太陽」を意味します。

チームの結成当初から、サポーターの方々もメンバーも、「オリンピックが終わったらすぐに解散するようなチームではなく、地域に根付き、愛され続けるチームにしていこう」と強く思っていました。

オリンピック後、僕のなかには「太陽（ソラーレ）は燃え続けている」という思いがありました。だから、『報道ステーション』でロコ・ソラーレのメンバーにインタビューしたとき、この言葉を贈りました。すると本橋さんは、こう言ったのです。

「その通りです。サポーターの方々は、チームができた当時から私たちと一緒に闘ってくれました。今回も、オリンピックだから応援してくれたわけではなく、私たちが歩んできた道のりもふくめて観にきてくれている。それがいちばん力になりました」

地元との深い絆《きずな》があるからこそ、準決勝で負けてもメンバーの心は折れず、銅メダルを手にすることができたのです。

ライバルは相手ではなく「自分の心」

ロコ・ソラーレが銅メダルを獲得したもうひとつの要因は、自分たちの弱い部分もふくめて、チームメイトがなんでも言い合える関係だったことだと思います。その象徴が、彼女たちが試合中に言っていた、「そだねー」という言葉。「そだねー」がいいのは、思ったことを言い合うなかで、相手に言われたことをきちんと共有し、そのうえでお互いが前に向かっていけるところだと僕は思うんです。「日本の言葉の力」というものを改めて感じさせてくれました。

自分たちの弱さも率直に話し合い、次はミスしないように前向きに挑んでいくことは、「弱さを力に変えて成長する」ということです。

たとえば、ロコ・ソラーレのスキップ（試合で最後にストーンを投げる選手、作戦の司令塔役）の藤《ふじ》澤五月《さわさつき》さんは、中部電力の選手として出場したソチオリンピックの日本代表決定戦で、最後の最後に自分のミスショットで敗れ、自信を失いかけたという経験をしています。

試合中、スキップには大きなプレッシャーがかかりますが、中部電力時代の藤澤さんは、弱さをけっして見せない人でした。本橋さんに誘われてロコ・ソラーレに入ってから、弱さを隠す必要はないと、はじめて気づいたそうです。自分の弱い部分を正直に見せることで、逆にまわりから自分の強さに気づかせてもらい、チームメイトとのコミュニケーションもより良くなったと言います。

カーリングは考える時間がとても長い競技です。その間にプレッシャーがどんどんかかってきて、選手にミスが起こります。

平昌オリンピックでの3位決定戦、日本対イギリスの試合でもそうでした。日本が1点リードで迎えた第10エンド。イギリスのスキップ、ミュアヘッド選手が逆転を狙って最後のストーンを投じました。ミュアヘッド選手の実力なら、日本のストーンをはじきだしてイギリスの勝利となってもおかしくない場面です。実際、投じられたストーンは、理想的なラインで進んでいくように見えました。ヤバイ！

ところが、イギリスのストーンは曲がり切らずに失速。日本のストーンが最も円心近くに来て勝敗が決しました。ミュアヘッド選手の手元に、ミスとも言えないくらいのほんのわずかな狂いが生じていたのです。平常心のミュアヘッド選手なら、こうはならなかったでしょう。大きなプレッシャーが彼女を襲い、心のわずかな揺《ゆ》れが手元を乱し、結果的にミスショットになってしまったのです。

氷上では、相手チームと戦うだけでなく、自分の心とも闘わねばならない。カーリングは、スマートな見た目からは想像できない難しさ、厳しさを秘めた競技です。でも、競技者の心の揺れがプレーに表れるその部分こそ、いちばんの見どころ。その意味では、カーリングは「弱さを観るゲーム」、「弱さをどうはね返すかを学べるゲーム」でもあると思います。

今度からカーリングの試合を観るときには、「弱さ」にも注目してみてください。どんなに強い選手でも弱さが出てくる場面があること、でも、弱さが出ても懸命に食らいついていけば、必ずチャンスがめぐってくることが、きっとわかりますよ！

「～したい」から「～する」で自己変革――平野美宇

卓球の平野美宇《ひらのみう》選手は、以前はていねいに球を返していく〝守備型〟の選手でした。ところが、あることがきっかけで攻めのプレースタイルへと変化しました。

それは、２０１６年のリオデジャネイロオリンピックに出場できなかったこと。これまで

「みうみま」ペアとして注目を集めてきた同い年の伊藤美誠《いとうみま》選手が代表に選ばれた一方で、美宇さんは落選。このときの悔しさが、美宇さんを変えました。

「このままのスタイルではダメだ。格上の選手に勝つために、自分から攻める卓球に変えないといけない」と、決意したのです。

実際に〝攻める卓球〟を目の前で見せてもらうと、驚くべき変化を遂げていました。以前は相手のボールにラケットを合わせて手だけで返していたのが、足腰を使って体全体で振り抜いていきます。ただ、これは体力的にとてもキツイ……。

「疲れます。でも、この打ち方にしてから攻撃されても怖くなくなりました。練習をすればするほど試合で自信が持てる。だから、疲れても大丈夫です」

と、美宇さん。けれど、アスリートにとってプレースタイルを変えることには大きなリスクがともないます。「もし、変えてダメだったら……」という不安がつきまとう、本当に怖いことなのです。

「怖かったです。実際にプレースタイルを変えて1ヵ月後の試合では、ふだん勝っている相手に負けて、前のほうがよかったと思ったこともありました」

心が揺れてもブレなかったのは、リオでの苦しい経験があったから。伊藤美誠さんや福原愛《ふくはらあい》さん、石川佳純《いしかわかすみ》さんらが団体戦で銅メダルを獲って表彰台に上がる姿を、美宇さんはサポートメンバーとしてただ眺《なが》めることしかできませんでした。

「リオにいるのに、戦うことができなかった。同い年の美誠ちゃんは出ているから、若いことは言い訳にならない。どんどん引き離されてしまい、悔しかった。このまま続けてもまたリオみたいになるなら、失敗するかもしれないけど、いままでのプレースタイルを変えて追いついていこうと思いました」

オリンピックに出場できなかった悔しさが、美宇さんを変え、強くしてくれたのです。リオオリンピック後の2016年10月、美宇さんは世界最強の中国スーパーリーグに参戦。トップチームで練習し、世界ランキング上位の中国人選手たちと数多く対戦することで、新たな境地にたどりつきました。

そして、2017年1月の全日本選手権女子シングルス決勝で爆発！　女王・石川佳純さんを破り、女子卓球史上最年少の16歳で優勝したのです。これまで「中国選手の動きは本当に速い」と感じていた美宇さんですが、全日本選手権では相手選手のボールがスローモーションに見えたそうです。決勝戦のテレビ中継では、解説者が思わず「速い！」と叫んでいました。

「自分でも、あ、速いって思いました。私って中国人選手かなって思うほど」

以前の美宇さんは、こういうことはあまり言わなかったので、僕は驚きました。まさに、悔しさからの劇的進化！　オリンピックは出場した選手だけでなく、出場できなかった選手にも大きな力を与え、成長させてくれるのです。

「どういうかたちで東京オリンピックに出たいですか？」

と質問すると、

「日本のエースとして出られるような存在になって金メダルを獲りたいです。というか、獲ります、という感じですね」

と、答えてくれました。2020年、その思いをプレーにぶつけて輝いてほしい！

崖っぷちから勝って学んで世界王者──阿部一二三

男子柔道66キロ級の阿部一二三《あべひふみ》選手（日本体育大学）は、2020年東京オリンピックで金メダルが期待される逸材です。

僕が阿部さんにはじめてインタビューしたのは、彼が高校2年生だった2014年の秋。そのときすでに阿部さんは、14〜18歳のアスリートが参加するユースオリンピックで優勝していましたが、

「やっぱり本当のオリンピックで勝ちたい。リオオリンピック出場を狙《ねら》いたいです」

と、夢を語ってくれました。

その年の冬、阿部さんは史上最年少（17歳）で講道館杯を制し、続く柔道グランドスラム東京（GS東京）でも優勝。「日本柔道界で一番の有望株」と大きな注目を集め、リオオリンピック出場という彼の夢は一気に現実味をおびていきました。

翌2015年は、講道館杯がリオオリンピックの第1次代表選考、GS東京が第2次選考になる大切な年。ところが、そこで阿部さんは大きな壁にぶち当たったのです。

「66キロ級の代表選考枠は1枠しかなく、講道館杯に優勝しなければリオに行けないという状況で、生まれてはじめてものすごいプレッシャーを感じました。怖かったですね」

と、のちに彼は語っています。

僕の知っている阿部さんは、プレッシャーと無縁の人。彼自身もそう思っていたのですが、「絶対に負けられない」という自分の思いと周囲からの期待が重圧になり、試合になかなか集中できなかった、と言います。

講道館杯の結果は3位。GS東京には出場できず、リオオリンピック出場は絶望的な状況に。それでも、代表の最終選考である翌春の全日本選抜体重別選手権に最後の望みをかけ、海《え》老沼匡《びぬままさし》選手を破って初優勝を飾りましたが、代表には、過去の実績で上回る海老沼さんが選ばれました。

落選した阿部さんは、リオオリンピックで海老沼さんが銅メダルを獲得する姿をテレビ観戦するしかありませんでした。それからの彼は自分の柔道ができなくなり、なかなか勝てなくなってしまったのです。

阿部さんにとって柔道の理想形は、一発で「一本」を取ること。相手選手からいくら「技あり」を取ったとしても、引くことをいっさい考えず、さらに「一本」を取りにいくことを常に考えていると口にするほど、「一本」にこだわりを持っています。

しかし、そうした本来の前に出る攻めの柔道ができなくなり、「落ちるところまで落ちた」と自ら感じるほど、負けが続いていきました。2016年の講道館杯は、7位という不本意な成績。自分ではいつも通りに試合をしている感覚なのに、技にはキレがなく、相手の得意技はわかっているのに、その得意技に引っかかってしまったと言います。

「少し気を抜いてしまうと負けるという僕の悪いパターンが出てしまった。集中しているつもりでも、一瞬の気の緩《ゆる》みが出てしまったんです」

史上最年少で講道館杯に優勝してリオオリンピックへの出場が期待されたのに、翌年は3位で代表に落選。リオ後は、「東京オリンピックに向けて66キロ級で自分の時代をつくっていきたい」と強く思っていたのに、さらに順位を下げて7位……。日本柔道界で一番の有望株がここまで落ち込んでしまうとは、誰も予想していませんでした。

2016年のGS東京は出場選手に選ばれたものの、「そこでも負ければ、翌年の世界選手権出場も東京オリンピック出場もない。何もかも失ってしまう」と、19歳の若さで「すべてを失う」と思うほどに追いつめられていたのです。

まさに崖《がけ》っぷち状態で迎えたGS東京。「崖っぷちありがとう‼　最高だ！」というのは僕の言葉ですが、はたして阿部さんはどうだったか。「負けたら心技体すべてが崩れてしまう。絶対に勝たなければダメだ」と、阿部さんは自分で自分に圧をかけました。

そして彼は、この大会で2年ぶりの優勝を果たし、みごとに復活！

あえて自分で自分にプレッシャーをかけ、「やるしかない！」の一念で自分を奮《ふる》い立《た》たせることによって、どん底から這《は》い上がったのです。講道館杯で負けた相手に決勝戦で一本勝ち し、「自分の柔道は間違っていなかった」と自信も取り戻しました。

「これで一皮むけたと感じ、心の成長を実感しました。その成長は、低迷期のおかげです」

それまでの弱さや迷いを振り切り、〝本当の阿部一二三〟の姿を思い出した彼は、2017年夏の柔道世界選手権（ブダペスト）で初出場初優勝を果たしました。なみいる強豪を次々と豪快に投げ飛ばし、6試合中5試合で一本勝ち。自身がめざしていた圧倒的勝利によって、その存在感を世界にアピールしました。

「1回戦から冷静で、体が自然に動き、ふだんの練習でやっていることができました。技の勢いにプラスして相手をコントロールできるテクニックもつき、心技体ともに大きくなった感覚です。試合でしっかり技を決めた感覚というのは絶対に忘れないので、今後も生きてくると思います」

2017年の世界ランキングは、前年の6位から1位に躍進。周囲からは「1年でとんでもなく強くなった」と言われます。阿部さん自身も、「誰と戦っても負ける気がしない」と語るほどに。

日本国内でも勝てずに苦しんでいた彼をここまで変えたのは、尊敬する日本体育大学柔道部部長・山本洋祐《やまもとようすけ》先生からの言葉でした。

「負けて成長するよりも、試合に勝って成長しよう」

人は、敗北によって自分の弱点や足りない部分を知り、成長できる一方で、勝つことによって自信をつけ、心技体の成長を実感することができるのです。

2016年GS東京優勝後の阿部さんは、まさに「勝って成長する」状態。2017年2月のGSパリ、4月の全日本選抜体重別選手権、8月の世界選手権、12月のGS東京で優勝し、試合に勝つたびにより強くなっていく自分を感じていると言います。

「講道館杯で優勝も敗北も経験し、オリンピック出場を逃した悔しさ、勝てない苦しみも味わいました。いろいろな経験をしてきたからこそ、いまの僕がある。一本を取りにいく自分の柔道を貫きながら、利き手と逆の左からの技（逆技）も自分のものにできるよう、東京オリンピックまでの一日一日を大切にしていきます！」

「一二三」という名前には、「一歩一歩前へ進んでいってほしい」というご両親の思いが込められているそうです。

東京オリンピックでの圧倒的勝利――。その日へ向かって、阿部一二三さんは一歩ずつあゆみを進めています！

「負けてよかった！」と笑えるか？——白井健三

体操の「ゆか（床運動）」の技は、時代とともにどんどん進化しています。「後方かかえ込み2回宙返り1回ひねり」は通称「月面宙返り」。「後方かかえ込み2回宙返り2回ひねり」は「新月面宙返り」。そして、さらにひねりを1回加えた「後方かかえ込み2回宙返り3回ひねり」は「リ・ジョンソン」。

そしてそして、足がすべて伸びた状態で行う「後方伸身2回宙返り3回ひねり」は「シライ3」！　この技を生み出したのは、ご存じ体操の白井《しらい》健三《けんぞう》選手です。19歳のとき（2015年）に豊田国際体操競技会で成功させたこの技は、150もある「ゆか」の技のなかで史上はじめて、最高のH難度に認定されました。

「ゆか」で彼の名前がつく技は、「シライ／グエン」「シライ2」「シライ3」。なかでも「シライ3」は彼にしかできない大技です。ということは、誰よりもすぐれた何かが彼にはあるはず——。リオオリンピック前のインタビューで、「それはいったい何だと思いますか？」と訊《き》くと、

「勇気」

という答えが返ってきました。試合でむずかしい技を使う勇気……。言葉にすれば簡単です

が、なかなか持てるものではありません。しかも、「練習ではある程度の力しか出ない。試合で考えられないほどの力が出たとき、いいかたちになる」と言うのでビックリ。ふつうは試合のときに緊張して、練習でできているはずのことを「できない」と思ってしまうのに、白井さんは「試合の感覚が基本」と、とらえている。

さらに驚いたのは、「ゆか」の演技に臨むときの白井さんの心持ち。

「僕にとって演技をするということは、ごはんを食べることやトイレに行くことと、たいして変わらないです。お腹がすいたらごはんを食べるのも、試合で演技をするのも、自分のためにやって当然のこと。そんなに緊張しませんし、気持ちの上下があまりないんです」

現役時代に試合で緊張しまくりだった僕は、「どんだけメンタルが強いんだ〜っ」と叫びたくなりました！　でも、彼のように考えることができたら、試合や試験や大事なプレゼンテーションなどのとき、気持ちがラクになりそうですよね。

白井さんのメンタルがそこまでの域に達するには、あるきっかけがありました。

それは、2014年の世界選手権の「ゆか」。

前年に初出場初優勝を果たした白井さんは、連覇を期待されていましたが、わずかな差で2位に終わりました。敗因を分析し、「同じことをやっていたから負けたんだ」と考えたそうです。この大会で彼が披露《ひろう》した技は、すべて前年の世界選手権で優勝したときと同じものでした。

「知らないうちに満足していて、『同じ内容でも勝てるだろう』と思ってしまったんです。失敗しないのが当たり前で、演技の内容自体に目標を見失っていました」

トップ選手だからこそ、もっと自分を突き放すことが勝つための近道だと気づいた白井さん。そこから1年間は、新しい高難度の技の習得に没頭《ぼっとう》。2015年の世界選手権では、当時最高のG難度の大技「リ・ジョンソン」を成功させ、さらに次々と大技を決めて世界王者に返り咲きました。

「失礼かもしれませんが、2014年に負けてよかったですか？」

「本当に、負けてよかったです！」

2014年に連覇していたとしても、翌年はどうせ負けていた、と白井さん。

「白井健三という選手をひとことで言うと、どういう性格ですか？」

「勝ち好き」

こんな言葉、はじめて聞きました。「負けず嫌い」ならよく聞くけど……。

「自分が満足できる試合内容なら負けてもいい。負けから教わることはいっぱいあるので、負けが悪いものだとは思いません。ただ、『勝ちたい』という欲は人一倍強いですね」

試合に勝つことだけが大事なのではない、たとえ失敗してもチャレンジし、そこから自分に足りないものを見つけて自分に勝っていくことが大事だと、彼は思っているのです。

技もメンタルも別次元に思える白井さんですが、オリンピック初出場のリオでは、負けの悔しさを再び味わいました。男子団体の決勝では跳馬《ちょうば》と「ゆか」で演技をしてチームの金メダル獲得に貢献《こうけん》し、種目別の跳馬では銅メダルを獲得したものの、金メダルを期待された種目別「ゆか」では4位に終わってしまったのです。

オリンピック後、白井さんはこう語っていました。

「ふつうの大会のように演技してしまった。僕は挑戦しているときが、いちばん自分らしくできる。守りの姿勢ではいけないと教えられました。トイレはトイレでも、お腹のゆるいときのトイレでいくべきでした」

つまり、「緊張感が足りなかった」という反省です。本気で自分のやり方を反省して敗因を分析するからこそ、こういう前向きでユニークな発想が生まれ、次のチャレンジへと進んでいける。「シライ3」はマネできないけれど、白井さんの反省する姿勢は僕たちにもマネできそうだと思いませんか?

そうすれば、僕は「勝ち好き修造」! あなたも「勝ち好き自分」になれるはず!

ありのままを見せるための挑戦——萩野公介

水泳の萩野公介《はぎのこうすけ》選手は、リオオリンピック男子400メートル個人メドレーで日本史上初の金メダル。200メートル個人メドレーでは銀。さらに男子4×200メートルリレーでは、松田丈志《まつだたけし》・江原騎士《えはらないと》・小堀勇氣《こぼりゆうき》選手とともに銅メダルに輝き、この種目で1964年の東京オリンピック以来52年ぶりのメダル獲得に貢献しました。

一大会で金銀銅3つのメダル獲得という大活躍！

けれど、萩野さんがここにいたるまでには、大きな挫折がありました。

リオオリンピック前年の6月、海外での合宿中に自転車に乗っていて転《ころ》び、右ひじを骨折してしまったのです。全治2ヵ月の大けがで、7月にはじまる世界水泳は欠場。水泳選手にとっての「生命線」といわれるひじの骨折によって、萩野さんは翌年にひかえたオリンピックに向けて危機的な状況に陥《おちい》ってしまいました。

なによりショックを受けたのは萩野さん自身です。リオオリンピック直前のインタビューで当時の気持ちについて訊くと、

「本当に申し訳ない気持ちでいっぱいでした。自分が情けなかったです」

けれど、平井伯昌《ひらいのりまさ》コーチは違うとらえ方をしていました。

「けがをしたことで（泳ぐことが）いったん途絶えたから、チャンスかもしれない、と思いました。メンタルというか、自分はなぜ水泳をやっているのかという考えそのものを、もう一度つくり直せる可能性がある」

以前の萩野さんには、日本では圧倒的な強さを誇っているのに、優勝を期待される国際大会になると勝てない、という大きな弱点がありました。ジュニア時代から才能を発揮《はっき》し、周囲か

ら「勝って当たり前」と思われてきたためか、世界一を決める大舞台になると自分一人で重圧を抱え込み、本来の力を出し切れないことが多かったのです。そのいちばんの理由は、性格の根本となる部分に弱いところがあるためだと自分で分析していて、

「気持ちの柱の部分に弱さがあれば、それを何回も何回もロールキャベツみたいに練習でコーティングして、中身を隠すようにしている」

と、僕に語ったことがあります。

なぜ、自分の弱さをロールキャベツのように包まなければならなかったのですか？

「心の弱さを人に見せたくない、自分で認めたくない、という思いがありました」

そんな彼の心を変えたのは、

「弱い自分もどんどん出していいんだぞ。ありのままの自分を出していけ」

という平井コーチの言葉でした。萩野さんが右ひじをけがしていたときに言われたそうです。

それをきっかけに、萩野さんは弱い部分もふくめたありのままの自分を出していくようになりました。最初は抵抗感もあったと思います。そうしていくうちに自分を覆《おお》っていた目に見えないカラが破れ、客観的に自分を見られるようになっていったそうです。

こうして骨折から9ヵ月が過ぎ、リオオリンピックの選考会を迎えました。

この大会中、「めちゃくちゃ緊張している」ことを平井コーチやほかの選手にあえて告げ、

自分の弱さをさらけだすことで、「デトックス（毒出し）みたいに自分の外側にあるきたない部分がどんどん出ていく」感覚になったそうです。そして、選考会では3種目で「金」を狙える好タイムを出しました。

「以前、ロールキャベツにたとえた自分の性格を、いまはどんな料理にしたいですか？」

と訊《き》くと、萩野さんはこう答えました。

「白ごはんです」

アツアツのステーキやぶ厚いトンカツではなく、白ごはん……。それって、どういうことなんですか？

「白ごはんができるまでには、お米の量を量《はか》ってといだり、水の量を量ったり、すごく手間がかかりますよね。そして最後に、つやつやして白くておいしいごはんになって出てきます。誰にも欠かせないものだし、かめばかむほどおいしい。そういう味のある人間になりたいです」

お米と水だけでできている白ごはん。ロールキャベツのひき肉はキャベツを何枚も重ねて弱さを隠したけれど、米粒は自分の弱さを隠そうともせず、一粒一粒、ありのままの自分を見せてピッカピカに輝いている。どんな料理がきても変わらない、あのおいしさ。そして、和食から白ごはんがなくなることは永遠にありません！

弱さを隠すロールキャベツから、弱さをさらけだす白ごはんへの変化によって、「前より人間らしくなってきた」と語る萩野さん。その言葉が、水泳選手としてはもちろん、一人の人間としての心の成長を物語っていると僕は感じたのです。

北島康介さんの「弱さ」の肯定力

〝ロールキャベツ公介〟から〝白ごはん公介〟に変身した萩野さんは、以前とは話し方も変わってきたようです。お話を聞いていて、「北島康介《きたじまこうすけ》さんにそっくりになってきたな！」と思いました。

北島康介さんといえば、2004年アテネオリンピックの男子100メートル平泳ぎ、200メートルでダブル金。次の北京オリンピックでも同種目でダブル金。日本の水泳史上はじめて、2大会連続2種目制覇を成し遂げたスーパーヒーロー。とてつもなくメンタルが強くて、いつもポジティブな人なんだろうなと、誰もが思うような選手でした。

ところが、北島さんには意外と弱い部分もあるんです。

北京オリンピック後は、国内の記録会を含めてすべての試合で1位をとっているわけではありません。

「修造さん、僕はそんなに強いわけじゃないんですよ」

僕は、北島さんがそんな弱さを見せると思っていなかったので、この言葉に驚きましたが、

「人間は、そんなに強いもんじゃない。自分の弱さを出すのはむしろいいことなんだ！」と気

づきました。

このときの彼は、北京オリンピックが終わり、モチベーションが続かなかったのでしょう。人間は、ずっと強い気持ちのままでいることはできません。だから、弱さを隠して「オレは強い」と虚勢を張る必要はない。弱いときもあっていいし、弱さを見せてもかまわないのです。

もちろん北島さんは、いざというときにはとてつもなく強い人です。オリンピックでも、最も大事なレースで最高の結果を出す強さがあります。

アテネオリンピックのときは、ひざをけがして体調も悪かったのですが、「金メダルを獲りますよ。大丈夫、絶対いけます」と宣言し、その通りの結果を出しました。北京オリンピック前には、不調で苦しんでいたのに、「いまの僕には勢いがある」と言いました。強気の言葉で自分を奮《ふる》い立たせていたのです。

北島さんはよく、「根拠のない自信」と言っていました。強気の言葉に根拠は必要ありません。それでいいんです。オリンピック直前に「ダメです、オレ」なんて言ったら、勝てるわけがありません。

つまり、弱さを出していいときと、出してはいけないときがある。北島さんの場合は、「弱さを出してもOKなときだ」「いまは弱さを出しちゃいけない」という判断を、意識的にしていたと思います。

自分をさらけだす言葉も選んでいたと思います。これは北島さんに限らず、すべてのトップアスリートが意識的にしていることです。

たとえば、大事な試合の前に「すごく緊張しています」と言うのは、弱さを出しているというよりも、自分の心を正直に言っているのだから悪いことではありません。でも、「どうせ自分は勝てません」と口にしたら、メンタル面で大きなマイナスになってしまいます。

トップアスリートは、「ここぞというとき自分は変わる！」と思っている人たちですから、いざというときにはどんなことがあっても、そういう弱さは出さないのです。

これからテレビでスポーツ観戦するときには、試合前のアスリートたちの言葉にも注目してみてください。〝弱さと強さの出し入れ〟について、参考になることがたくさんあるはずです。

本当の自分を表現できないあなたへ

自分の弱さを認めたくない、ありのままの自分をさらけだすなんてイヤだ、と思っている人もいるでしょう。そういう人は、なぜそう思うのか、自分に問いかけてみてください。

試合に負けてみっともない、試験に落ちて恥ずかしい——といった思いが強いのなら、「自分が闘う相手は誰なのか」を見つめ直してみましょう。

あなたには、負けてはいけない相手が一人います。誰だと思いますか？

それは、あなた自身です。

自分に負けずに闘い切った結果の敗北なら、ぜんぜんみっともなくないし、恥ずかしいことでもありません！　相手のほうが強かっただけなのだから。

自分に負けないで闘うとは、ベストをつくすということです。この章の最初にお話ししたように、ベストをつくして負けたときにしっかり反省すれば、何が足りなかったかに気づきます。自分に負けない闘い方もわかるようになります。

アスリートの多くは、その繰り返しによって、より強い自分になっています。そういう成長のしかたって、カッコいいと思いませんか？

「へぇ、こんなこともできないんだ」と人に思われるのが怖いから――という理由で弱さを認めたくないのなら、心配しなくて大丈夫！

そう思われたって、自分を取り巻く状況がマイナス方向に変わることは、ほとんどありません。むしろ、「できないのに、こんなに頑張っているんだ」と、好意的にとらえてくれる人のほうが多いはずです。

なぜなら人間というのは、全力で闘いながらも、うまくできない人、弱さを素直に見せてくれる人を見ると、自分もそうだと共感し、応援したくなるからです。

僕は、北島康介さんが「自分はそんなに強いわけじゃない」と弱い部分をさらけだしてくれたことで、北島さんという人をいっそう好きになり、心から応援したいと思うようになりました。

だから、「こんなこともできないんだ」と人に思われたってOK！

自分はまわりから強いと思われているので、弱さを見せられない——という理由で自分をさらけだせないのなら、いますぐその考えを改めよう。

なぜなら、自分の本当の心は、自分でもよくわからないことが多いからです。そのため、人がつくったイメージを自分のイメージに置き換えて、「まわりが強いと言うから自分は強いんだ」と思い込んでしまうことがよくあります。

でも、人がつくったイメージにコントロールされたら、自分自身が苦しくなるだけ。「本当に強いのか？」と自分に問いかけて、「そうじゃない、こういう弱さがある」と思うなら、その弱さをどんどん出していくほうがいいんです。

まずは、「自分は強いと思われているけど、本当は違うんだよ」とオープンにすることからはじめてみましょう。自分本来の心＝弱さを出していけば、気持ちがグンと楽になりますよ！

弱さをさらけだせる人は最強！

リオオリンピックの翌年、『報道ステーション』で、萩野公介さんと北島康介さんの「Wコウスケ」と僕の3人で鼎談《ていだん》をする機会に恵まれました。

「北島さんが残してくださった成績は、僕たち後輩にとって、ものすごく心強い道しるべ。そのおかげで僕たち日本代表チームは、怖がらずにレースに臨めるんです」

と、萩野さん。心から北島さんのことを尊敬しているのです。

萩野さんは高校時代にロンドンオリンピックに出場し、男子400メートル個人メドレーで強豪・マイケル・フェルプス選手に競《せ》り勝《か》ち、銅メダルを獲得しました。高校生のオリンピック出場は、男子競泳では北島さん以来。当時現役だった北島さんは、萩野さんの活躍を「期待通り」と受け止め、「いっしょに練習しながら学ぶことはとても多かった」と、振り返ります。

「とくに勉強になったのは、彼が自分の目標タイムを正確に刻《きざ》んでいくこと。ほとんどサイボーグのようにそれができる。すごいなと思った。でも、『気持ちは折れないのかな』と心配にもなり、もうちょっとネジを緩《ゆる》めるほうがいいよ、ともアドバイスしていました」

と、北島さんは萩野さんの強さをサイボーグにたとえました。そこで僕が、

「サイボーグは機械だから、何があっても動揺しないで勝てます。萩野さんは去年（2016年）、自分は前よりも人間らしくなったとおっしゃっていましたけど、サイボーグのままのほうがよかったとは思いませんか？」

と訊くと、萩野さんはこう答えました。

「サイボーグだとイレギュラー（予期しないできごと）に対応できないと思うんです。プログラムに組み込まれていないことが起きてしまったら、警報が鳴って、もうダメ、誰か呼んできて、みたいな。でも、人間はイレギュラーにも柔軟に対応できる。その判断を自分でできるこ

とが、人間の大きな強みじゃないかと思います。泳いでいるのは人間なので」

じつは、この鼎談のときの萩野さんは、イレギュラーな状況にあえいでいたのです。

2年前の自転車の転倒事故で骨折した右ひじの状態が悪化し、リオオリンピック後に手術。水泳の推進力を生み出す大切なひじに、はじめてメスを入れました。手術の半年後にレースに復帰したものの、ブランクの影響は大きく、4月の日本選手権、5月のジャパンオープンでは、ライバルの瀬戸大也《せとだいや》選手に初の連敗。記録の面でも伸び悩んでいました。

「右ひじがもっとよければ……と思わないときはありません。でも、以前の感覚はもう二度と戻ることがないので、これがいまの自分なんだと思って泳いでいます」

イレギュラーな状況のなか、「それでも勝負したい」と、もがいている萩野さん。

北島さんも、アテネオリンピックでひざの故障や体調不良というイレギュラーな状況のなかでダブル金。北京では、連覇への重圧のなかで再びダブル金。僕が知るなかで最も「イレギュラーOKタイプ」の北島さんは、対談のなかで萩野さんに、

「サイボーグにも弱い部分はあるんだって見せることが、力になると思います」

と言いました。平井コーチと同様、「弱さを見せていいんだ」というアドバイスです。

北島さんの言葉を胸に臨んだ、2017年7月1日のフレンチオープン男子400メートル個人メドレー決勝。リオオリンピックでのタイムには及びませんでしたが、萩野さんはほかの選手を大きく引き離して優勝。翌日の200メートル個人メドレー決勝では好タイムで優勝し

ました。

しかし、そのあとの世界水泳（ブダペスト）では、男子200メートル個人メドレー決勝で2位、400メートル個人メドレー決勝は6位。第一泳者で出場した4×200メートルフリーリレー決勝では、自己記録より2秒以上遅いタイムで〝貯金〟をつくることができず、日本チームは5位にとどまりました。レース後、萩野さんはプールサイドで泣きくずれ、しばらく立ち上がれないほどでした。それは、萩野公介がサイボーグではなくなった瞬間でした。

彼のそんな姿をはじめて見たし、瀬戸大也さんも意外だったそうです。この一件以降、萩野さんはチームメイトとのコミュニケーションをより積極的にとるようになりました。

何があっても動揺しない「サイボーグ的な萩野さん」と、人前で号泣する「人間的な萩野さん」。僕はどちらも悪いとは思いません。ただ、サイボーグが人間になるということは、感情の起伏が大きくなり、コントロールしにくくなるということでもあります。

2018年4月、アジア大会などの代表選考会を兼ねた日本選手権で、萩野さんは男子200メートル個人メドレー決勝、400メートル個人メドレー決勝で瀬戸大也さんを抑えて優勝しました。タイム的にはいまひとつでしたが、不調のなかでも日本選手権の決勝で勝てたことは、「自信になった部分もある」と語っていました。

本来の彼は、世界の水泳史上に名を残す実力者。2020年東京オリンピックで間違いなく注目の選手になるはず。不調の最大の理由は、心の弱さというよりも、手術をした右ひじの感覚が戻らないことにあります。どんなに悔しく、もどかしいことか……。

もともと萩野さんは超負けず嫌いな人。持ち前の性格で、苦しい状況とどう向き合っていくかが、今後の彼の変化につながっていくと僕は思っています。

落ち込んだら〝Why?〟より〝How?〟

僕たちが自信を失《な》くすのは、挫折してどうすればいいかわからなくなってしまったときです。そういうときには、「なぜ、自分だけがつらい思いをするんだ……」と、うしろ向きの気持ちになって落ち込んでしまいがち。それはアスリートも同じです。

僕も選手時代、ひざを痛めて手術をしなければならなくなったときや病気で苦しんだとき、ものすごく落ち込んで、頭のなかが「なぜ?」ばかりになりました。

「なぜ、オレがけがしなきゃいけないんだ。なぜ、いつまでたってもひざが痛いんだ。なぜ、このタイミングで病気なんだよ。なぜ、なぜ、なぜ……」

でも、あるとき気づいたんです。「Why（なぜ）」ばかり考えていたって、何もよくならない。ここから抜け出すための「How（どうやって）」を考えなきゃいけないんだ、と。

ひざのけがは、もう完全には治らないことがわかっていました。ならば、そのけががとどうやって付き合っていくか、ひざをカバーするために、どこをどうやって鍛《きた》えればいいか――。そう考えるようにしたことで、少しずつ落ち込みから抜け出すことができました。

それでも立ち直るのに1年かかりましたが、「どうすればいいか」がわかれば、失いかけた自信を取り戻すことができます。また、ピンチだからこそ学べることもあります。

僕の場合は、二度の大きなけがをしたピンチの時期に、メンタルトレーニングやイメージトレーニング、食生活の管理などを本格的に勉強しはじめました。けがをしていなかったら、そういう時間はつくれなかったかもしれません。この時期は、僕がいちばん成長し、心が以前よりもグンと強くなったときだと思っています。

あなたにも、「なぜ、思うような結果が出ないんだ。なぜ、自分ばっかり苦しい思いをしなきゃいけないんだよ……」と、〝Whyの嵐〟におそわれる時期があると思います。

でも、〝Why?〟と思うのは、自分自身に意識が向いている証拠。自分が置かれた状況から目をそむけるより、ずっといい！　「よっしゃ、いいぞ」と自分に声をかけ、そこからさらに、〝How?〟へと意識を向けていこう！

大失敗から立ち直った僕の「なんでもノート」

テレビの仕事をはじめたばかりのころ、僕はプロ野球の松井秀喜《まついひでき》選手にお話をうかがう機会に恵まれました。

松井さんは日本のジャイアンツやメジャーリーグのヤンキースなどで活躍されましたが、当時はジャイアンツの選手でした。じっくりインタビューができる貴重な時間。僕はかなりの準備をして臨みました。

ところが、結果は大失敗——。

視聴者は、野球に関する明るい話題を松井さんから聞きたかったはずです。それなのに僕は、ふだんのインタビューとは違うアプローチで、より深い話を聞きたいと気負うあまり、「日本文化の良さはどこにあると思いますか?」「子供たちにどういうことを伝えていきたいですか?」などと、不自然な質問をしてしまったんです。こんなこと、いきなり訊かれたら誰だって答えに詰まってしまいますよね……。

松井さんも困った顔をしていました。その表情から、「何が的確な答えかわかりません」「もっと違うことを訊いてくれないかな」などと思っているであろうことは僕にもわかりました。

いまでは、インタビュー中に直球の質問だけでなく、変化球もだいぶ投げられるようになりました。けれど、当時は経験が浅かったためストレート勝負しかできず、インタビューの流れをどう修正すればいいかわかりません。ああ、どうしよう、どうしよう……。そのときの僕は、焦《あせ》りを通り越して、ほとんどパニックに近い状態でした。

結局、このインタビューは2人の話がかみ合わないまま終わってしまいました。松井さんにとっては楽しくない時間だったと思います。あれほど自信を失くした経験はほかに記憶がありません。

「僕はインタビューに向いてない。これで終わったな……」

ガックリうなだれて家に帰り、ベッドに入っても思い出すだけで体が震《ふる》えて、なかなか眠れませんでした。

耐え切れずに起き出し、「何がいけなかったのか、どうして松井さんを苦しめてしまったのか」を、紙に全部書き出してみました。

そうして最終的に出した答えは、「質問が悪かった」という超シンプルなものでした。自分ではいいと思っていたけれど、質問のしかたが悪かったのです。

じゃあ、どう質問すればよかったのか？

日本の文化や子供たちについて訊きたいのなら、いきなり「どう思いますか？」と言うのではなく、野球と結びつけてもっと具体的に訊けばよかった。そうすれば、松井さんの人間性も引き出せたんじゃないか？

書き出すことで、頭を整理することができ、少し気持ちが楽になりました。質問のしかたさえ間違えなかったら、「松井選手はここまで深く考えているのか……」と視聴者に感じてもらい、松井さんにとってもいいインタビューになっていたかもしれない、とさえ思えてきました。

このときの失敗はいまでも忘れられません。インタビューの最中、突然フラッシュバックするかのように思い出すことがあります。僕はひとつの質問をとことん掘り下げてアスリートの本質に迫《せま》っていくタイプなので、相手の方が苦しそうな顔をすることがあります。すると、反射的に「あのときの松井さん」の顔がパッと浮かんでくるんです。

そんなときにも、相手が本質を突かれて苦しんでいるのか、ピントはずれの質問に困惑しているのかをとっさに考えられるようになりました。ピントはずれだと思ったら、その場ですぐ軌道修正《きどうしゅうせい》。

練習の成果と場数を踏んだおかげもありますが、取材の現場で臨機応変《りんきおうへん》な対応ができるようになったのは、もとをただせば松井さんのインタビューでの大失敗があったからです。あのときの僕にとってはとてつもなくつらい経験でしたが、その大失敗がいまの自分をつくってくれました。僕にとって、貴重な〝宝物〟になったと思っています。

松井さんのインタビューで大失敗した僕が「自分のいけなかったところ」を紙に書き出したのは、書くことで気持ちを整理し、失敗の原因を突き止めたかったからです。

思い通りにものごとが進まなくて自信を失くしたときや、人と対立して心が折れそうになったときには、思い浮かぶことをすべて書き出すことで、不安の原因がはっきりします。

たとえば、勉強が思うように進まなくて挫折しそうになっているのなら、「思い通りに進まない原因は何か？　ゲームばっかりしているからだ。どうしてゲームをやめて机に向かわないのか？」」と自分を質問攻めにして、どんどん答えを書いていくんです。

これは、メンタルトレーナーがやっていることと基本的に同じです。

僕は現役時代に、外国人もふくめて何人ものメンタルトレーナーにお世話になりました。彼らが、「こうしなさい」と言うことはけっしてありませんでした。

僕の話を聞いて、「どうしてそう思うの？」「どうしたいの？」と質問をしてくるだけ。僕が「こうしたい」と投げ返すと、「じゃあ、そうしたらどうなるかな？」と次の質問が来て、何往復もしながら話が進んでいきます。なにかすごいことを教えてくれるわけではなく、僕の心の深いところにある意識（潜在意識）を引き出し、はっきりわかるようにしてくれたわけです。

答えは全部、自分のなかにあるんです。それを引き出すために、思ったことをなんでも書ける「なんでもノート」を1冊つくっておこう！

「なんでもノート」を書くのは、できれば問題が起きたその日のうちがいいと思います。先のばしにすると、不安や悩みの根本にある原因を忘れてしまうことがあるからです。

それに、落ち込んだ気持ちをそのままにしておくと、かなりの楽天家でないかぎり〝Whyの嵐〟におそわれてしまいます。だんだん気持ちがモヤモヤしてきて、「こうすればよかった」「あんなこと言わなきゃよかった」と後悔だらけになってしまったり、「あいつが悪いんだ」と人のせいにしたり……いいことはなんにもありません。

落ち込みの原因というのは、僕が松井さんのインタビューで大失敗したときのように、案外シンプルなものが多いんです。「なぜ？　なぜ？」とベッドの中でモンモンとしながら問題を複雑にしてしまうくらいなら、ベッドからガバッと起き出して書いてしまおう！　自分の思いをどんどん書いていくうちに、必ず答えが出てきます。

第4章

本気になるのはカッコいい

昨日の自分に勝つための闘い――小平奈緒

平昌オリンピックのスピードスケート女子500メートルで、金メダルに輝いた小平奈緒《こだいらなお》選手。

日本でテレビ観戦していた人たちの多くは、彼女の圧倒的な強さと、言葉や行動ににじみ出る人間性に感動したと思います。現場で取材をしていた僕も、大きな感銘《かんめい》を受けました。

500メートル決勝でオリンピック新記録を出した奈緒さん。ゴール後、大歓声に包まれた観客席に向かって唇に指をあて「シーッ」というしぐさをし、「次の組で走る選手たちのために、静かにしてください」とアピールしました。

レースがすべて終わり、ライバルであり親友でもある韓国の李相花《イサンファ》選手の銀メダルが確定すると、悔《くや》し涙にくれる李選手に寄り添って肩を抱きながら、2人でウイニングランをしました。このとき奈緒さんは李選手に、

「長いあいだ一緒にやってきて、お互いに誇《ほこ》らしいね。いまも尊敬しているよ」

と、言葉をかけていたそうです。

こうしたふるまいの一つひとつに、アスリートとして、人間としての誠実さ、人に対するやさしさがあふれていて、僕たちの心の底まで染みてくるのです。

日本選手団の主将をつとめた奈緒さんは、五輪開幕前に「オリンピックの主将は勝てないと言われていますが、そのジンクスと闘います」と語り、その言葉通りに勝ちました。

500メートルでは、金メダルを獲《と》ることよりも、自分のベストタイムを超えることに意識を向けていました。もしも結果が銀であったとしても、〝昨日の自分〟を超えていれば、彼女としては納得して受け入れることができたでしょう。「すべては自分との闘い」という気持ちで行動しているところに、とてつもない強さを感じます。

500メートル決勝で出した36秒94のタイムは、オリンピックレコードであるだけでなく、記録が出にくい低地のリンクでは、それまでの自分の記録をも書き換える史上初の36秒台。彼女をここまで強い選手に変えたのは、ソチオリンピック後のオランダ留学でした。

このとき彼女がほしかったのは、「自立する力」だったと思います。それまでは、大学時代から指導を受けている結城匡啓《ゆうきまさひろ》コーチに頼っていた部分が大きかったのですが、「自分の人生は自分で選択しろ」というお父さんの言葉に後押しされ、留学を決断しました。

留学中も、いろいろな決断を迫《せま》られました。たとえば、オランダで言われたのは「勝つためには相手を殺すくらいの闘争心を持て」ということ。でも、奈緒さんには、「そこまで闘争心をむき出しにするのは、自分の性格には向いていない」と、ハッキリわかったそうです。そこで、闘争心を相手に向けるのではなく自分にだけ向けること、つまり「自分に克つ」ことに専念したと言います。

オランダから多くの技術を学びましたが、奈緒さんの心は「和」。日本独特の古武術なども自分の意思で学び、彼女にしかできないスケートをつくりあげました。

語学も一所懸命に学び、留学2年目にはオランダ語でのミーティングができるほどに。トレーニングやスポーツ医学などの知識も、自力で学んでいきました。また、留学期間を延ばすという選択肢もありましたが、2年間で日本に戻ることを自分で決めました。

小平さんだけじゃありません。人はみんな、どんな状況でも自分で選択し、決断できる力を持っているんです！

もともと真面目な奈緒さんですが、オランダ留学によって自分に本当に必要なものは何かを知り、自立心を養《やしな》ったことが、彼女を大きく変え、さらに強くしたのです。

そして、彼女をサポートする相澤《あいざわ》病院（長野県松本市）の方々との心の共有が、競技生活の大きな支えとなりました。

大学卒業後、所属先が決まらずスケートを続けることすらむずかしくなった奈緒さんに、手をさしのべてくれたのが相澤病院の当時の院長・相澤孝夫《たかお》さんです。病院の「広告塔」になることを期待したのではなく、スケートに打ち込む彼女のひたむきさに心を打たれて支援を決めたそうです。自分に克とうと本気で闘っている奈緒さんの一所懸命さが、病《やまい》と闘う患者さんたちにとって力になる、「心の薬」になると信じたのでしょう。

奈緒さんは、「平昌のメダルを患者さんや病院の方々に触ってほしい」と言っていました。

相澤さんも、奈緒さんの活躍を自分のことのように喜び、「患者さんたちは、金メダルにじかに触れることを目標に治療を頑張っているんです」とおっしゃっていました。

この心の共有が、奈緒さんにとって、とても大きな力になっているのです。

平昌の１０００メートルで銀メダルとなったとき、奈緒さんは、「心の底から金を獲れると自分を信じ切れていなかった」と話していましたが、５００メートルでは「自分を信じ切れた」。自分を信じ切ることで、よりポジティブな心になれたのでしょう。

本気で自分のすべてをかけ、本気で自分を信じ切った結果の金メダル。それは、これからの奈緒さんの人生で金色以上の輝きを放っていくと、僕は思っています。

「本気で生きろ」と教えてくれた少女

現役時代の僕は、三度の大きな試練《しれん》を経験しました。

最初の試練は、21歳のとき経験した両ひざの半月板損傷《はんげつばんそんしょう》です。

プロテニスプレーヤーになって3年目の１９８８年、はじめて世界ランキングトップ１００以内に入り、「さあ、これからだ！」というときに、両ひざに痛みを感じるようになったのです。痛みは日に日に激しくなり、試合にも練習にも集中できなくなってしまいました。

テニス選手にとって、ひざの故障は致命的です。悩みに悩んだ末、ツアーから一時的に離れて、翌年の春にスイスの病院で手術を受けました。

けれど、痛みはぜんぜんとれません。リハビリをしながら夏にはツアーに復帰したのですが、すべて1回戦負け。「僕はこのまま終わってしまうのか……」と、寝てもさめても悪いことしか考えられなくなっていました。

意を決して、その年の秋に東京の病院で再手術を受けました。幸い、手術は成功しましたが、ツアーで1年近く1勝もできなかったため、ランキングは445位まで転落。あと一歩でグランドスラムに出場できるところまで来ていたのに……。このまま落ちていけば、新人のときに参戦していた、誰でもエントリーできるトーナメントに逆戻りしてしまいます。

「こんなに頑張ってきたのに、またイチからやり直せっていうのか」

そう思えば思うほど、焦《あせ》りは怒りに変わり、ものすごいストレスを抱えながらリハビリを続けるしかありませんでした。

そのときの僕には、「どうすればこの状況から脱出できるのか？」と〝How〟を考える心の余裕は、まったくありませんでした。「なぜ、こんなことに……」と〝Whyの嵐〟におそわれ、自分を悲劇の主人公のように考えていたのです。

そんな僕の弱い心を変えるきっかけになったのは、一人の少女との出会いです。

病院でリハビリを続けていたある日のこと、

「入院患者さんのなかに松岡さんのファンがいます。一度、会ってあげてくれませんか？」

と、リハビリセンターの先生から声をかけられました。

病室を訪ねると、僕を待っていてくれたのは10代半ばの少女でした。室内で帽子をかぶっているので「あれ?」と思いましたが、病名を聞くのはためらわれ、そのまましばらくお話ししました。その間、彼女はずっとニコニコ笑っていました。別れぎわにテニスボールにサインをして渡すと、「私のぶんまで頑張ってください」と言われました。

「ありがとう。きみのぶんも頑張る! きみも頑張ってね」

僕はそう言って病室をあとにしました。

それからしばらくして、また病院を訪れました。すると、少女に引き合わせてくださった先生が僕のところにやってきて、「この前はありがとうございました」と言います。

「彼女、すごくいい笑顔をしていましたよ。あれからどうですか?」

と聞くと、先生の表情がたちまち曇《くも》りました。

「じつは、彼女は白血病で、松岡さんと会ったときには余命2週間でした」

少女は、すでに亡くなっていたのです。

僕はその場に立ちつくしてしまいました。別れぎわになにげなく、「きみも頑張ってね」と言ってしまったことを悔《く》やみました。彼女の病状を知っていたら、絶対にそんなことは言わなかったのに……。

病室で帽子をかぶっていたのは、治療の副作用で髪の毛が抜けていたからでしょう。思春期の女の子にとって、どれだけつらかったことか……。しかも、残された命はわずか2週間だったのに、あんなにすばらしい笑顔で僕を励《はげ》ましてくれたのです。

「僕にはとてもできない……」

ショックと情けなさに打ちのめされました。

この体験が、「本気で生きろ」と僕に気づかせてくれたのです。

「あの子は生きたくても生きられなかった。でも、自分はこうして生きている。だったら、本気で生きてみろよ！」

それまで「なぜ、自分だけこんなひどい目に遭《あ》うんだ」としか思えなかった僕は、「どうすれば、このひざとうまく付き合って勝てるようになるか」と、より前向きな方向でものごとを考えるようになっていきました。

そのきっかけをつくってくれた少女の笑顔が、いまでも忘れられません。あの子と出会わなかったら自分はどうなっていただろう、と思うことがあります。

試練は乗り越えるたび楽になる

厳しいリハビリを終えて久しぶりにコートに立った僕は、1990年1月の全豪オープン予選での勝利をきっかけに調子を取り戻していきました。ひざに負担をかけないフォームも自然と身についていき、ランキングを１００位台に戻すこともできました。

ところが、またしても大きな試練が待ち受けていました。90年の秋に出場した大会の1回戦の試合中、あとひといきで勝てるところで左足首をねんざし、３本ある靭帯《じんたい》がすべて切れてしまったのです。

試合は棄権《きけん》……。担架《たんか》で運ばれていく自分がみじめでした。

「ここで好成績を上げれば、ランキング１００位以内に戻れるかもしれなかったのに。なんで大事なときにこうなるんだよ……」

と、また運命を呪いました。

けれど、そこからは早く立ち直ることができました。一度目の試練のとき、多くのことを学んでいたからです。

手術をするなら信頼できる先生に少しでも早くお願いすべきだ、と強く感じていたので、二度目のひざの手術をしてくださった先生に、すぐに手術をしていただきました。落ち込んだって状況がよくなるわけではないことも、時間をかけてリハビリをすればコートに戻れることも、そのリハビリのやり方も、すべてわかっていました。自分がツアーに復帰してプレーしている場面まで、イメージすることができました。

そう、最初の試練から学ぶことが多いほど、次の試練は乗り切るのが楽になるんです！

手術とリハビリを経て、１９９１年2月に再びツアーに復帰した僕は、その年の4月に世界ランキング１００位以内に返り咲きました。７月のカナディアン・オープン４回戦では、前年にグランドスラムを達成したピート・サンプラスを破って準々決勝まで進み、翌年４月の韓国オープンで優勝、６月には世界ランキングが自己最高の46位に。この時期はテニスができる喜びでいっぱい。どんな相手にも負ける気がしませんでした！

しかし、絶好調の僕を三度目の試練がおそいました。伝染性単核球症《でんせんせいたんかくきゅうしょう》というウイルス性の病気にかかり、３ヵ月の療養が必要になってしまったのです。25歳のときのことでした。

この病気は10代の人がかかりやすく、僕のように大人になってからかかると重症化して、命を落としてしまうことさえあります。高熱が出て体が異様にだるく、トイレに行くだけでフラフラになる日々が続きました。治療法はなく、安静にしているしかありません。けがのときのように入院中にベッドの上でトレーニングもできません。

そのうえ、退院後も37度台の微熱が約２年間も続きました。常にカゼを引いているような感覚で、普通にテニスができる状況ではなく、ランキングは１５０〜２００位台で低迷。周囲からは「引退」をささやく声も聞こえてきます。医師からも、「この病気がぶり返したら選手生命は終わりです」と告げられていました。

病気のために思うようなテニスができず、再発や引退の恐怖と隣《とな》り合わせだったこの時期は、けがでツアーから離れたとき以上につらいものでした。でも、そのつらさも乗り越えられたのは、それまでに大きな試練を何度も経験してきたからだと思います。

あきらめずに病気との苦しい闘いを続けた結果、前述の通り、僕は1995年のウィンブルドンで日本人男子として62年ぶりにベスト8に進出し、翌年にはウィンブルドン2回戦で、ついに夢だったセンターコートでの試合を実現することができたのです。

苦しいときほど、笑ってごらん

あなたにも、けがや病気で学校や会社に長期間行けず、みんなに置いていかれたようでつらくなることがあるかもしれません。僕には、その焦りや不安がよーくわかります。

でも、無理をしたら体の状態がもっと悪くなってしまうかもしれません。

けがを癒《い》やし、病気を治すには、なにより休息が大事。休む勇気を持って、しっかり治してほしい。学校や会社に行けなくても、できることはいろいろあるのだから。

たとえば、けがでスポーツができなくても、けがをしていないところを強くすることはできます。足のけがなら上半身を、腕や指のけがなら下半身を鍛《きた》えるトレーニングがある。指導してくれている先生やコーチに相談して、メニューを決めるのもいいと思います。

イメージトレーニングもおすすめです。僕は、けがや病気のリハビリ中に、テニスができるようになった自分、トーナメントに復帰した自分、試合で優勝した自分などをイメージしていました。あなたも、練習や試合をバリバリやっている自分、優勝して表彰されている自分、勉強や仕事で頑張っている自分、試験に合格した自分、いい成績を出してほめられている自分などを、心のなかでイメージしてみよう！

ぼんやりと思い浮かべるのではなく、細かな状況や場面までよりリアルにイメージすることがポイントです。

休んでいるあいだに、読書や映画を観るのもいいと思います。これまで接したことのない新しいジャンルに挑戦するチャンスにもなるはずです。

そしてもうひとつ、苦しいときほど笑ってください！

笑えば気持ちがアップ。心も体もリラックス。僕も病室で、つらくてもあえて笑っていました。たとえつくり笑いでも、なぜかだんだん前向きな気持ちになって、本を読んだり映画を観たりすることで、いつもなら気づかないようなメッセージが心に強く響いて、得るものがたくさんありました。


さあ、鏡の前へ行って笑顔の練習をしよう！　乗り切る力が湧いてくるぞ！
①口の両端を上げて目尻を下げます。口のまわりの筋肉だけ使う「ニッ」ではなく、顔の筋肉全体を使った「ニカッ」。
②その笑顔を、少し無理をしてでも大げさにやってみる。より効果的なメンタルトレーニングになる。大げさにすることで、自分の心の変化も実感できるんだ。

どう？

笑顔をつくっているうちに「前向きになれる！」と思えてきませんか？

ベッドに入ったときも、笑顔をつくると寝つきがよく、翌朝の眼覚めもスッキリしますよ。僕はいつも、好きなことをやっている自分や、おいしいものを食べている自分をリアルにイメージして、笑いながら寝ています！　笑いに悪い効果はひとつもないので、ぜひ試してみてください。

こうしたことを繰り返しながら、僕は二度の大けがと病気をした時期に、「試練をどう受け止め、気持ちをどう切り替えればいいか」を学ぶことができました。その学びはいま、テニスの指導にとても役立っています。世界をめざすトップジュニアの合宿では、けがや病気による挫折《ざせつ》が多かった松岡修造だからこそ伝えられることが、たくさんあるんです。

あなたもいつか、後輩を指導し、リーダーとしてチームを引っ張っていく立場になります。それまでには、いろいろな試練を経験するでしょう。本当につらいでしょうけど、負けずに立ち向かってほしい！

その経験のなかで、人の心の弱さというものを知り、試練の受け止め方や立ち直り方を自分なりに学んでいけば、あなたにしか教えられないことをたくさん持てるはず。それは、間違いなくあなたの一生の宝物になります。

錦織圭、「不調」と「休養」の真実

2016年の錦織圭選手は、リオオリンピック銅メダル、全米オープンベスト4、年間勝利数世界3位、年間最終世界ランキング5位というすばらしい成績をあげました。僕をふくめた多くの人が「グランドスラムを制覇する日は近い！」と期待し、圭自身も、「すごく近くには見えてきています」と僕に語っていました。

ところが、2017年に入ると、彼は不調に陥《おちい》ってしまいました。テニス自体はいいのに、どうしても結果が出ないのです。

全豪オープンでは、4回戦でロジャー・フェデラー選手と対戦し、フルセットの末に敗退。全仏オープンでは準々決勝でアンディ・マリー選手に敗れてベスト8に終わり、ウィンブルドン選手権では、これまで負けたことがない選手に3回戦で敗れました。

僕は錦織選手の実力を誰よりも評価していますが、2017年全仏オープン準々決勝の解説のとき、「このままではグランドスラム制覇はむずかしい」と、あえて厳しいことを言いました。なぜなら、圭は集中力が続いていなかったからです。

本来の彼はメンタルが強く、いざというときにものすごい集中力を発揮《はっき》します。ところが、ここ数年は手首、腹筋、脇腹などの故障に苦しんできました。体のどこかを気にしながらのプレーでは思うように動けず、心が安定しないので、集中力は続きません。

全仏オープンのときの圭は、自分が有利な状況なのに急に集中力が途切れてしまうことが何度かありました。3回戦では、マナーに反してラケットを投げつけるシーンもあり、「体の痛みでイライラしていました」と、あとで僕に話してくれました。けがは、そこまで大きなストレスになっていたのです。

8月、彼は右手首の痛みを訴え、検査の結果、腱《けん》を切る大けがをしていることがわかりました。治療やリハビリには、最低でも3ヵ月かかるということでした。

手首は、テニスをするときに感覚をいちばん使う部分です。とくに、圭のように感覚を大切にする天才肌の選手にとって、手首のけがは致命傷《ちめいしょう》になることもあります。治療に専念するため、彼は2017年の残りの試合をすべて欠場することになりました。

それより少し前に、世界ランキングトップ10に入っているノバク・ジョコビッチ選手とスタン・ワウリンカ選手も、けがで2017年はすべての試合に出ないと発表していました。もし錦織選手がけがをしていなければ、グランドスラムで優勝を狙う絶好の機会だったはず。テニスはけっして悪くなかったので、圭も悔しかったはずです。

ただ、試合を休むことには、彼にとって〝いい点〟もありました。

ひとつには、休養中にストレスをなくせることです。けがはたしかにピンチですが、圭にとってもっと大きなピンチは、集中力を保てなくなったこと。テニスはメンタルに大きく左右されるスポーツなので、原因になっている心のストレスをなくすことは、とても重要です。もうひとつは、手首のほかに前にけがをした部分のケアもできること。錦織選手には、右ひじ、腹筋、脇腹、お尻、ひざなど以前に痛めたところがあり、ちょっと間違えれば大けがにつながる可能性もありました。そういうところに新しい筋肉をつけていくための時間を得ることができた、ともいえるのです。

さらにもうひとつは、自分の体とじっくり向き合えることです。それまでうまく使えていなかった筋肉はないか、どんなリハビリをすれば正しい筋肉がついていくか、もっと強化が必要な部分はないか、などを知ることで、体全体のイメージがよりはっきりするはずです。

「このピンチを乗り越えて、大きなチャンスにつなげてほしい。いままでにない錦織圭になってほしい！」と、僕は心から願っていました。

〝前向き休養〟〝ミニ引退〟で自分を見つめ直す

アスリートのなかには、「けがをしてよかった」と言う人がいます。僕自身も、いまはそう言っています。もちろん、どのアスリートも、けがをしないよう最善の体づくりをしています。前より体の状態がよくなることはないので、けがなんかしないほうがいいに決まっています。僕は、いまでもテニスをすると、昔大けがをしたひざが痛みます。

じゃあ、なぜ「よかった」と言うのか？

その理由は、練習や試合に戻ったときの〝幸せ感〟があるからです。僕も、けがや病気から復帰したとき、再びコートのなかを走り回ってボールを追えることに大きな喜びを感じました。それまでは、テニスをするのは当たり前のことだったけれど、その「当たり前」ができることが、どれだけ幸せかに気づけたのです。

もうひとつの理由は、けがで練習や試合に出ないことが強制的な休養になるからです。たとえば、プロテニスプレーヤーは毎日テニスをし、毎週、違う場所に行って試合をします。その繰り返しのなかで、心にも体にもさまざまなストレスがかかってきます。心や体が整っていないなかで、テニスを続けている選手も少なくありません。

けがをして休むことは、そういう状況と何ヵ月間か、強制的にサヨナラすること。つまり、期間限定で引退するのと同じです。いわば、強制的な〝ミニ引退〟。

とらえ方によっては、これはチャンスです。なぜなら〝ミニ引退〟の期間に、ふだんはできないことや、やりたくてもテニスのためにがまんしていたことができるからです。そんなことって、テニス人生でそう何回も経験できることではありません。

「だから圭も、今回のけがで苦しむのではなく、やりたいことができる〝ミニ引退〟だと超前向きにとらえてほしい。圭ならできるはずだ！」

と、僕は思っていました。

というのも、彼が以前、「けがは友達。けがを受け入れ、前向きにとらえる」と言っていたからです。錦織選手は、「けがをしても焦ったってしょうがない」と、ある意味、割り切って考えられるタイプなので、〝ミニ引退〟を〝前向き休養〟にしていけるはずでした。

実際に彼は、右手首のけがについて、積極的に多くの専門家に意見を聞きました。以前、右ひじをけがして一人で悩んでしまった経験から、どう対処すればいいのか学んでいたのだと思います。その結果、手術はせずにリハビリに専念する、という選択をしました。

また、自分の体を細かく診てもらい、いままで使えていなかった筋肉や、もっと鍛《きた》えなければいけない部分を明確にして、柔軟性や体幹の重点的な強化に取り組みました。

こうしたとらえ方は、スポーツ選手でなくても参考になるはずです。治療やリハビリというひとつの試練を、自分の心と体を見直して弱点を強化していく〝前向き休養〟にできれば、つらさも乗り越えられると思いませんか!?

世界ランキングより大切なこと

2018年1月、約5ヵ月間の長いリハビリを経て、錦織圭選手は本来の居場所であるテニスコートに帰ってきました。

2月には、ツアー下部大会の「チャレンジャー大会」で優勝、「ATP250」でも準決勝進出など、一歩一歩、僕の知っている錦織圭に戻ってきています。

試合を観ていていちばん嬉しかったのは、どんなボールも拾いまくり、がむしゃらに頑張っていたことです。とくに「チャレンジャー大会」は、トップ選手が出場する大会に比べて観客が少なく、試合環境もあまりよくありません。そのなかで必死に戦う圭の姿に僕は心を打たれ、「よかったね！　ありがとう！」の思いでいっぱいになりました。

圭に必要だったのは、本当の意味でのハングリーさ。〝ミニ引退〟のあいだに圭自身がそのことに気づけたから、あえて「チャレンジャー大会」に出場し、必死に戦ったのです。

ただ、テニスの調子はいつもの錦織圭ができることと比べればまだ10％ぐらいの出来で、本来の感覚を取り戻すには、ある程度の時間がかかるように思いました。圭自身も、「練習のポイントと試合の大事なポイントでは違うので、いつ、しっかり攻めるべきか、守るべきかの駆け引き感覚を戻していくには時間がかかると思います。最初の数ヵ月は絶対に苦労するだろうと覚悟しています」と言っていました。

本来の感覚が戻っていない状態で試合に勝っているのはいいことだと、僕は思っています。大事なポイントでの感覚が戻れば、とてつもないテニスができるということですから！

錦織選手の世界ランキングは、休養中に20位台に落ちました。しかし彼は、ランキングのことはあまり考えていなかった、と言います。

「もちろん20位台になってショックな気持ちもありますが、また昇っていくのも新たな挑戦。なるべく早くトップ10、トップ5に入っていきたい。そのためにいちばん大事なことは、『自分のテニスができる』と、自分自身を信じ切れる力です」

そして僕の期待通り、今回の〝ミニ引退〟を超前向きにとらえていました。右手首のけがをする前は、自分らしいテニスができない試合も多く、ランキングが上がらないプレッシャーもあり大変だったけれど、休んだ時期が心の面でプラスになった、と言うのです。

体の面では、手首への負担をできるだけなくすよう、フォームの改善や、筋肉の使い方を変えていき、「自分としては、けっこう改善できたと思います」と言ってくれました。

けがの受け止め方については、「焦っても無駄なエネルギーを使うだけなので、現状を受け止め、できることをしっかりやってきた。ツアーに新鮮な気持ちで戻っていけるので、あまり考えすぎず、気負いすぎず」と、自分自身に言い聞かせるように話していました。

そして彼は、こんなことを口にするのです。

「けがをしても焦らず、長くツアー生活をしていきたい」

復帰後の圭と話していて、僕がいちばん嬉しかったのはこの言葉でした。

僕はこれまで、「圭はそんなに長くプレーしない性格だろう。30歳になる2020年には引退するんじゃないかな」と思っていました。圭自身も、そう思っていたそうです。

でも、いまは、「体が続く限りプレーしたい」という気持ちに変わりました。

フェデラーやナダルなどが35歳前後でも世界のトップで活躍している影響もあるでしょうが、なにより圭のなかで「テニスが好きだ。もっと好きになって、強くなりたい」という気持ちが大きくなったからだと思います。

これまでの圭は、テニスの内容やランキングなどが思うようにならないプレッシャーから、もともと持っている「テニスが好き」という心の軸が見えにくくなっていました。シンプルな心の軸に、よけいな雲がかかっていたんです。

その雲が、約5ヵ月間の〝ミニ引退〟によってパッと晴れ、「好き」が明確に見えたのでしょう。そのとき、「これからもずっと好きなテニスをしたい。ランキングだけがすべてじゃない」と感じていたと思います。

圭の話を聞いていて、今回の〝ミニ引退〟は、彼が本当の意味で正しい心と体をつくる「リセット期間」として必要なものだったんだと、改めて感じました。すると圭も、こう応えます。

「そうですね。昔はこうやってなかなかプラスに考えられなかったので、自分もいろいろと経験して強くなっているというか、大人になっている感じです」

最後に、「世界のトップ5だった選手たちが次々とけがでツアーを離脱し、自分だけじゃなくて少し気が楽だった?」と訊《き》くと、

「それは確かにあります。自分だけがけがをしたら、もっと焦っていただろうし。まあ、みん

なはライバルですけど、〝けが仲間〟ということで！」と、率直でポジティブな答えが返ってきました。

自分の体、そして心と向き合ったことで、より長くテニスに人生をかける決心をした圭。右手首のけががなくても、今回の〝ミニ引退〟は心の休養のために必要だったと思います。

圭にとって、この〝ミニ引退〟がどんどんいい方向に作用し、「自分をより強くしてくれた！　テニス人生を変えてくれた！」と思うときが必ずくると、僕は信じています。

行動してカラを破れば自信が生まれる

錦織圭選手は、僕が指導しているトップジュニアの合宿の2期生です。11歳のときから3年間、合宿に参加していました。

はじめて彼のテニスを見たとき、「この子は天才だ！」と思いました。ただ、とても内気だったので、「表現力やメンタル面ではどうかな？」とも感じました。テニスに関しては頑固《がんこ》なくらいに自分を持っているのですが、それを人前で表現する力が不足していたのです。

トップジュニアの合宿では、夜のミーティングでみんなの前で1分間、英語でスピーチをするという試練を子供たちに与えます。いまの錦織選手の姿からは想像できないでしょうが、人前で話すのが苦手な圭は、スピーチのとき、いつも泣いていました。“My name is Kei

Nishikori.”までは言うのですが、そのあとの言葉が出てこないのです。

「出ないんだったら帰っていいぞ」

と言うと、よけいプレッシャーを感じて追い詰められる……。本当につらかったと思います。でも、そこで頑張って、なんでもいいから言葉を続けることが大切なんです。

この「1分間英語スピーチ」は、自分で考えて行動しなければならない状況に子供たちを追い込むことで、カラを破って自分のなかにある力に気づかせ、自信を持たせてあげるためのトレーニングのひとつです。英語がうまいかどうかや、文法が正しいかどうかはまったく問題にしていません。世界で活躍するプレーヤーになるには、失敗を恐れずに自分から気持ちを伝えていく積極性と表現力が必要だということを、子供たちにわかってもらうためにやっています。

もうひとつ、カラを破って自信をつけさせるためのトレーニングがあります。子供たちを一人ずつ会議室に呼び、いきなり踊《おど》らせるのです。

僕やスタッフは黙《だま》って座っています。ホワイトボードには「感じたまま踊れ」と書いてあります。子供たちにとって、これはものすごくイヤな状況です。

そこに音楽が流れます。人前で話すのが苦手な子は、もう、これだけで泣いてしまいます。

その一方で、手足をバタバタさせて体を動かす子もいます。踊りともいえない、わけのわからないめちゃくちゃな動き。

じつは、それだけでOKなんです。

僕やスタッフが見ているのは、踊りがうまいかヘタかではありません。このトレーニングのポイントは、ひとつの動きでもいいから、とにかく自分から行動してみることにあります。日本の社会には、みずから動かなくてもものごとが進んでいってしまうことが多いのですが、テニスの世界では、自分で行動しない限り何も進んでいきません。

もうひとつのポイントは、恐怖心を乗り越えることです。

現役時代に海外を転戦していた僕は、スタンドを埋めた大勢の観客のなかに日本人が一人もいない状態で強い選手と対戦するとき、恐怖と緊張で頭が真っ白になり、何もできないうちに試合が終わってしまうことが何度もありました。

若い選手たちにはそういう苦労をしてほしくないので、大観衆の前で強い選手と戦うときのムードと似た〝恐怖と緊張で追い込まれた状況〟をあえてつくり、子供たちに経験させるわけです。子供たちに求めているのは、消極的なカラを破り捨て、「どんな状況でも自分は大丈夫だ！」と思い込み、勇気を出して行動することです。

実際に、泣きたくなるのをこらえてなんとか頑張って体を動かす子は、その日から消極的だった態度が、ガラッと変わります。

いまの子供や若者たちを取り巻く環境には、追い込まれる場面がほとんどありません。大人がなんでもしてくれるので、「困っても誰かが解決してくれる。どうにかなる」と、多くの子が思っています。あなたもそうかもしれません。世の中全体がそういう環境になっているなかに生まれてきたのだから、しかたありませんよね。

ただ、現実には「どうにか」なんてならない、という感覚は持つ必要があると思います。それを子供たちにわかってもらうのが、これらのトレーニングであり、ジュニア合宿です。

合宿で「自分は変わった」と思っても、その子の本質は変わりません。でも、〝カラを破った自分〟を一度体験していれば、「自分はこういうこともできるんだ」と気づき、自信を持つことができるのです。

マイナス言葉が出そうになったら「ストップ！」

あなたはよく、こういう言葉を口にしていませんか？

「ムカつく」「ウザい」

「ビミョー」「どっちでもいい」

「でも」「だって」「キレた」

「できない」「無理」「やだ」

これらは、自分やまわりの人のやる気を削《そ》ぐマイナス言葉です。「ムカつく」「ウザい」は、やる気のない自分をごまかして、誰かのせいにする言葉。言えば言うほど、自分も周囲もどんどんイヤな気分になっていきます。「ビミョー」「どっちでもいい」は、考えることから逃げている言葉。自分で判断しなければ結果が悪くても傷つかないし、責任も取らなくてすむ、という気持ちの表れです。「でも」「だって」「キレた」は、自分の失敗を認めたくない、反省したくないという気持ちの表れ。「オレ、試合でキレちゃってさ。それで終わりだよ」なんて言っていては、失敗を宝物にすることはできませんよね。

「できない」「無理」「やだ」は、何かに挑戦する前からあきらめているときに出てくる言葉です。「できない」「無理だ」と思いはじめると、それが自分のなかで絶対的な事実のようになっていき、結果的に自分の可能性を自分でつぶしてしまうことになります。

マイナス言葉を口にすると、ネガティブな気分がまわりの人にまで伝染して、全体にドンヨリ～としたムードになってしまいます。それがめぐりめぐって自分に返ってくると、気持ちはますます後ろ向きになってしまいます。

僕だってマイナス言葉が出そうになることがあります。そんなときは、心のなかで「ストップ！」と言います。

こうすることで、ネガティブ思考がそれ以上自分のなかに入ってこないよう食い止めておき、「ＯＫ！　ナイストライ！」「大丈夫！」「できる！」「最高だ！」と、マイナス気分と正反対の言葉を心のなかで言い続けます。すると、不思議と消極的な気持ちがなくなっていくんです。これは効果があります。ぜひ試してみてください！

それでもマイナス言葉が出てしまったら、そのあとにポジティブな言葉をひとつ付け足してみましょう。

「疲れた。もう無理、できない──いや、もうひとふんばりだ」

「また失敗した、ムカつく──だけど、もう1回トライしてみようかな」

これだけで、気持ちがぜんぜん違ってきます。

もうひとつ。僕は一般の方々にテニスを指導するとき、「人にボールをぶつけたりしたとき以外は、『すみません』って絶対に言わないでください」と、みなさんにお願いしています。なぜなら、「すみません」と口にすることで、ボールを打つ前から気持ちが引けてしまうからです。

僕自身もそうなのですが、日本人は相手を気づかうあまり、悪いこともしていないのに「すみません」と言うクセがあります。礼儀正しいことは日本人の長所ですが、「すみません」は自分を弱める言葉になってしまうこともあります。

だから、礼儀以外のことは「すみません」からはじめないほうがいいのです。

理性を失うほど熱中しているか？

ジュニア時代の僕は、試合に負けそうになると、

「オレは本当は強いけど、今日は本気を出さないよ。まあ、いいや。今日のところは負けました」

と思ってしまうことがありました。高校2年生になってようやく、それが自分の〝悪い習慣〟だと気づきました。

でも、いったん身についた〝悪い習慣〟を完全に失くすことはむずかしく、いまでもそのスイッチを押せば、いくらでも「まあ、いいや」と思ってあきらめてしまいそうになります。

僕が指導しているジュニアの選手のなかにも、すぐにボールを追うのをあきらめたり、試合を捨ててしまう子がいます。「なんであきらめるんだ」と訊くと、「無理だと思いました」と言います。僕から見れば、もう一歩動いてラケットを出せばボールに届くところだったのに、すぐにあきらめる〝悪い習慣〟が身についているため、その子は「絶対に取れない」と思い込んでしまっているわけです。

僕にも経験があるので、そうなる気持ちはよくわかります。だからこそ、できるだけ早いうちに、「もし、あきらめなかったら、どういうことが起きるか」を教えて、〝悪い習慣〟を直そ

うとしています。

そのために、選手たちを徹底的に追い詰めます。むずかしいボールを次々に打ち込み、「あきらめるな！」と怒鳴りまくり、逃げ場のない崖《がけ》っぷちまで追い込んでいきます。

すると、その子は僕に対して、「なにくそ！」と立ち向かう気持ちになっていきます。ひとことでいえば、〝狂〟の状態になっていくんです。

「狂う」という言葉には「心が乱れる、平常心を失う」という意味があるのでネガティブにとらえる人が多いけれど、僕はこの言葉が好きです。「理性を失うほど熱中する、夢中になる」という意味もあるからです。僕にとっての「狂う」はこちらで、「まわりを気にしないでひとつのことに集中し、本当の自分になっている状態」です。

〝狂〟の状態に追い込まれた子は、ボールを追いながら「オラアーッ！」「チキショー！」と大声を出しはじめ、ものすごい顔で必死にボールに食らいついていくようになります。

こうして練習を終えたあと、「いま、どう思った？」と訊くと、「あきらめなくてよかった」「やればできるってわかった」「自分を信じられます」という言葉が返ってきます。

あきらめない自分を発見し、「本当の自分は強いんだ」と思えるようになるには、何かで自分を追い詰めることも必要なんです。「もし、あきらめなかったら、どういうことが起きるか」を実際に体験すれば、心は確実に変わっていきます。

「叱る」のなかには愛がある！

錦織圭選手がトップジュニア合宿にいたころ、僕は叱《しか》るよりもほめるほうが多かったと思います。というよりも、技術的にはほめる以外にないほど、ジュニアのころから圭のテニスはすばらしかったんです。

でも、「なにやってんだ！」と怒鳴りつけたことが1回だけあります。

18歳以下の選手が戦う国際大会のダブルスの試合に、当時12歳だった圭を出場させたときのことです。世界で活躍するハイティーンの選手たちと小学生を戦わせるなんて、ふつうはありえないことですが、経験を積ませるために推薦枠をもらい、あえて出場させました。

結果は、1ゲームも取れずに敗退。それははじめからわかっていたことで、まったく問題ありません。僕が激怒したのは試合中の態度でした。

試合前のミーティングでは、「背の高さが違うとか、相手が外国人だからとかで怖がらない。心のなかで無理だと降参しない」と約束していたのに、本番では相手に完全にのまれて声も出せず、結果が見えた時点で、圭は自分から試合をあきらめてしまったんです。

僕は会場のど真ん中で、まわりの人たちがドン引きするほどの大声で圭たちを怒鳴りつけました。

「おまえたちはいま、なにやってきた！　最後の最後まで全力を出しつくしたのか！　ポイントも取れずに相手にヘラヘラ遊ばれて、くやしくねえのかぁーっ‼」

圭たちが心のなかで思っていること、いちばん言われたくないことを、わざと言葉にしてグサッと投げつけた感じでした。

圭は大泣きしていました。でも、このときの気づきが、彼が海外に出て行ってから、「どんなに背が高い相手だろうが関係ない。自分がベストをつくすだけなんだ」という姿勢につながっていったんです。何年かたったあと、圭は、

「あのときの修造さんは本当に怖かった。でも、僕が変わった瞬間でした」

と言ってくれました。

いま、叱ることができない大人が多いといわれています。子供や後輩に「嫌われたくない」という気持ちがどこかにあるのでしょう。僕にだってそういう気持ちはあります。でも、「正しくないことを叱らないのは、相手にとっていいことなんだろうか？」とも思います。

間違っていると思ったら、僕は何度でも何度でも言い続けます。「まあ、いいや」とは思えないんです。

「ほかの人が叱るのをやめても、正しくなるまでオレは永遠に叱るぞ」

と、ジュニアの選手たちには言っています。

自分の子供に対しても同じです。お箸《はし》の持ち方や姿勢は、言ってもなかなか直らないもので

すが、違っていれば「お箸！」「姿勢！」と言い続けるしかありません。

ただ、わが子に対してはどうしても感情的に怒ってしまい、「言いすぎたな」と反省することがよくあります。

「怒る」と「叱る」は違います。「怒る」は、自分の感情を相手にぶつけること。「叱る」は、相手を本気で心配し、注意することです。僕が感情的に怒り出すと、うちの子は「短気！」と言います。それが合図《あいず》になって、僕は「あ！〝叱るモード〟に戻さなきゃ」と、気をつけるようにしているんです。〝父親修造〟は、まだまだ修業が足りない！

〝真剣〟になっても〝深刻〟にはならない

ふだんの僕は、お会いするアスリートに「頑張っていますね」「頑張りましたね」と、必ず「ね」をつけていますが、自分が教えているジュニア選手たちに対しては、「頑張れっ！ 頑張れっ！」と言い続けます。

夢や目標に向かって、ハードな練習のなかで限界まで努力している子供たちの背中を押し、あともう1回たたけば破れるかもしれない壁をぶち破ってほしいからです。

あきらめない力が高まると、ハードな練習をしても疲れません。もちろん体力的な疲れはあるのですが、頑張っているそのときには疲れをほとんど感じないし、つらいとも思いません。

勉強でもスポーツでも仕事でも、ひとつのことに集中していると雑念が消えて、「何時間も続けたわりには疲れなかったな」と感じることがあるでしょう？　それと同じです。

人間は誰でも、ものごとに真剣に取り組んでいると、そういう〝集中ゾーン〟に入ることがあります。そのゾーンに限りなく近い状態をキープするために、アスリートは練習に練習を重ねているわけです。

ただ、真剣にやっているうちに、「いくらやってもダメだ」「もう無理、限界」といった思いが出てくると、深刻に悩んでしまうこともあります。

僕が見るかぎり、真面目な人にそうなることが多い。

真面目な人ほど、いまの自分の目の前のことだけに意識が向いてしまうのでしょう。試合に負けそうだとか、勉強や仕事がうまくいかないといったことは、命にかかわる問題じゃないんだから、そんなに深刻にならなくていいんですよ！

でも、困ったことに〝真剣〟と〝深刻〟は、とても近いところにあるんです。

僕自身、試合中に深刻になってしまうことがよくありました。だから、「真剣にプレーすることは、楽しんでプレーすることなんだ」と、しょっちゅう自分に言い聞かせていました。

今日からあなたも、楽しむ気持ちをもって、ものごとに取り組みましょう！

大きな大会に臨むアスリートがよく言う、「楽しんでやります！」という言葉は、「不安や怖れを振り払って、集中ゾーンに入りたい」と言っているのです。「楽しむなんて、真剣さが足りない」と批判するのは間違いだと、僕は思います。

マイナスの言葉を2つ掛け合わせる

「いくらやっても、もう無理だ」

「私はどうせダメなんだ」

もし、あなたがいまそう思っているのなら、心のなかをもう一度のぞいてみてください。どこかに、言い訳はありませんか？　「無理」「ダメ」と言えば、それ以上努力しなくてすむし――と思っている弱い自分がいませんか？

隠したってダメ！　だって、僕にもそういうことがあるから！

人間って、「厳しそうだな、無理そうだなあ」と思うとき、〝できない言い訳〟をするために、必死で準備をしてその理由を探そうとするんです。ほとんどの人がそうだと思います。屁《へ》理屈《りくつ》（こじつけの理屈）もふくめて、できない理由を見つけ出すときの人間は、ものすごい発想力を発揮します。

それを逆に持っていく力を身につけられたら、いいと思いませんか？

勝てない理由やできない理由ではなく、勝てる理由、できる理由を探したいですよね。〝できない言い訳〟の準備をする発想力を逆方向に使って、できるようにするための準備をしよう！

まず、「無理なんて無理！　できないなんて、できない！」と言ってみてください。これは、心を前向きにする呪文です。マイナスの言葉でも、２つ掛け合わせると不思議とプラスの言葉になって、「できる！」と思えるようになるはずです。

スタートラインが「できない」から「できる！」に変わると、できる理由を探すことが簡単になっていきます。

実際にこういうことがありました。うちの子供が自転車の練習をしていたとき、うまくこげなくて、「できない、できない、できない」とばかり言うので、僕は、

「『できる、できる、できる』って言いながらやってみろ」

と言いました。そうしたら、すぐにこげるようになったんです。

自転車に乗る練習をするとき、誰でも最初は、「絶対に無理。こんなの、コントロールできないよ」と思います。転《ころ》んだときに、乗れるようになるなんて想像もできません。

乗れないのには理由があるんです。バランスの取り方がわからないとか、転んだら怖いとか、技術面とメンタル面での理由です。それにプラスして、最初から「できっこない」と思ってしまう心理も影響しています。

でも、最後は乗れるようになって、「やったー！」と思いますよね。

「やったー！」と思ったときには、それまでの苦労や、前は「できっこない」と思っていたこ

とを、あまり思い出しません。「だって、できたもん」という感じで、こげることが当たり前のように思っています。

すごく不思議だけど、人間にはそういう心の動きもあるんです。

だから、自分がやってみたいと思うものに関しては、「できる！」からスタートすることをおすすめします。「無理、ダメ」からスタートすると、先へ進めなくなってしまうから。

時間をかけて咲く大輪もある——杉田祐一

２０１７年７月に、ＡＴＰツアーのアンタルヤ・オープン（トルコ）で杉田祐一《すぎたゆういち》選手が優勝を果たしました。日本男子シングルスでのＡＴＰツアー優勝は、松岡修造（1勝のみ）、錦織圭選手（当時通算11勝）に続いて杉田選手が史上３人目。その後、２０１８年5月にダニエル太郎選手がイスタンブール・オープン（トルコ）でＡＴＰ初タイトルを手にし、合計４人になりました！

男子ツアーでの優勝がどれだけ大変かは、僕自身がよくわかっています。優勝の瞬間、芝生に倒れ込んだ祐一。芝生に寝っ転がった気分は最高だったでしょう！

僕がいちばん嬉しかったのは、この優勝で、杉田選手が世界ランキング43位（２０１７年7月17日）になり、僕の過去最高ランキング（46位）を抜いてくれたことでした。

僕が現役を卒業したあとジュニアの強化に取り組んだ理由のひとつは、日本人選手に〝修造の壁〟を破ってほしかったから。錦織圭選手が破ってくれたあと、それに続く選手があと一歩のところでなかなか出なかったのですが、ついに杉田選手が破ってくれました！

杉田祐一選手は遅咲きで、トップジュニアの合宿にも途中から参加してきました。2006年にプロになりましたが、世界ランキング100位の壁をなかなか破れず、長い間もがいていました。その間ずっと、僕の恩師でもあるボブ・ブレットコーチに指導してもらってきました。

祐一のテニスは、相手の勢いを利用してじわじわ攻めていくテニスで、足は速いし、良いボールを打つ才能もあります。ただ、世界で通用する武器がありませんでした。

僕とボブは、「いまのテニスに高い打点からの攻撃的なショットを加えて、同じテンポではなくいろいろなボールを混ぜるようにしていけば、世界で通用するぞ」と言い続けていました。けれど、当時の杉田選手は、自分のテニスに関してボブや僕のようなとらえ方ができませんでした。

人間というのは、自分がもともと持っている考え方を変えることに抵抗感を抱くので、心から納得しないと、人のアドバイスや助言をなかなか受け入れられません。祐一の性格は「超」がつくほど頑固で、100％自分が納得しないと変えることができなかったのです。自分の考えを貫き通すのはいいことですが、「アドバイスを正しくとらえて変わってほしい。いまのままではもったいない」と、ボブと僕はずっと思っていました。

そんな杉田選手が大きく進化したのは、２０１６年。自分を変える勇気を出し、アドバイスをしっかりと受け止めてくれたのです。彼は一気に上達し、バックハンドの安定感は錦織選手に匹敵するほどになりました。

そして翌年、ＡＴＰツアー初優勝！　彼の優勝は、日本のジュニア選手たちに大きな可能性を広げてくれるものでした。

杉田選手がアドバイスをなかなか受け入れなかったのは、早く結果がほしくて、心に余裕がなかったからだと思います。一時はアドバイスを聞き入れてテニスを変えようとしたのですが、たった1回の負けでもとに戻してしまい、強く叱ったこともありました。

結果が出るまでには時間がかかるので、それまでは辛抱が必要です。しかも、出てくる結果は最初のうちは小さな変化なので、そこからさらに、つらいこともやり続けなければなりません。そこで焦らずに努力を続けていくことが大切なんです。そうすれば、〝ミニ結果〟はやがて〝ビッグ結果〟になっていきます。

杉田選手は、ＡＴＰツアー優勝・世界ランキング43位という〝ビッグ結果〟を出しました。自分自身が「こうしよう」と決めたことをやり続ける力が彼にはあったから、変わることができたのです。

２００６年のプロ転向から数えると、〝ビッグ結果〟を出すまでに10年以上かかりました。

けれども、僕はそれを遅いとは少しも思いません。それだけの長い時間をかけることが、彼にとっては必要だったんだ、というとらえ方をしています。10年という時間は、彼にとって本当の意味での熟成期間になり、その間にたくわえてきたものを、これからどんどん使っていけるはずです。

スポーツは結果がすべてなので、結果を出した人が評価されます。けれど、杉田選手のようになかなか結果が出ない人でも、100％に近いところまで燃焼して努力しているなら、それを自分で評価していいと、僕は思います。順位がどんなに低くても、ベストをつくしているならトップ評価！ それが、本当の意味での評価ではないでしょうか。

ATPツアーで初優勝したあと、杉田選手は僕にこんな連絡をしてくれました。

「200位台にいたときは、アドバイスの意味がよくわからずにいましたが、いまは本当に心に響きます。少しずつ、弱い自分を変えようとしています。勝負はこれからです！」

人は変われる！ そう感じさせてくれる瞬間でした。

自分を貫き通そうとする心に柔軟な心が加わった〝祐一テニス〟を、いい意味で頑固に続け、これまで苦しんできたぶん、思いっきり輝いてほしい！

第5章
修造流
心のエクササイズ

「金メダルはスーパーじゃ売ってない」

女子レスリングの吉田沙保里《よしださおり》選手は、僕が知っているアスリートのなかで最もポジティブ思考をする方です。

リオオリンピックの3ヵ月ほど前に取材させていただいたとき、チーム最年長の彼女は、練習中、誰よりも大きな声を出して若手選手をリードしていました。

「自分から明るく元気に『ファイトーッ!』とムードを盛り上げていくのが、いちばん波に乗りやすくて、前向きに練習に入っていけるんです」

と、沙保里さん。

彼女は、2004年アテネ、2008年北京、2012年ロンドンの各オリンピックの55キロ級で優勝し、53キロ級で挑《いど》むリオには四連覇がかかっていました。ふつうなら大きな重圧を感じてピリピリ緊張するはずですが、沙保里さんの表情は「明るすぎる!」と思うほど。

「本番に向けて入り込みすぎたり、暗くなったりするのは私には絶対に合わない」

「練習で疲れやすくなりましたけど、若い選手たちとすべて同じメニューをこなしているんだから、疲れるのは当たり前。キツくなってからが本当の練習です」

と、前向きな発言が次々と出てきます。僕は取材中、彼女から常にさわやかな風が吹いてくるような感覚にとらわれました。

沙保里さんは3歳でレスリングをはじめ、父の栄勝《えいかつ》さんの厳しい指導を受けながら成長した選手です。5歳のときにはじめて試合に出場しましたが、男の子に負けました。その子が表彰台のいちばん高いところで金メダルを首にかけてもらっているのを見て、「私も金メダルがほしい」と泣きながら言うと、栄勝さんはこう答えたのです。

「あの金メダルは、頑張って練習して強くなって勝った子しかもらえない。スーパーやコンビニには売ってないんだよ」

そのときから沙保里さんは、本気で練習に取り組むようになりました。この「金メダルはスーパーじゃ売ってない」という栄勝さんの言葉は、スポーツ界の名言といわれています。

ロンドンオリンピックで優勝したとき、沙保里さんは、セコンド（マットの外）からアドバイスを送っていた父の栄勝さんを肩車して、喜びを表していました。

ところが、それから2年後、栄勝さんは突然、病気で亡くなってしまったのです。

栄勝さんはとても厳しい父親であり指導者でしたが、沙保里さんにとって誰よりも信頼できる存在でした。ずっといっしょに練習してきたお父さんを失い、得意のタックルがライバルたちに研究されている不安を彼女自身もひしひしと感じているなか、どうやってリオでの四連覇にチャレンジしようとしているのかをうかがうと、

「緊張や不安やプレッシャーは半端なくあります。でも、試合ですべてを出し切って勝てば、

そういうマイナス要素に打ち克《う か》ったと思える。そうなるために、キツい練習をしているんです」

勝てば勝つほど大きくなっていく不安を、練習によって消せると考えているのです。

「自分の決め手がタックルだけなら研究しつくされちゃいますけど、私は小さいときから、いろんな技を父に教えてもらいました。引き出しはたくさんあると思っています」

「父がいっしょにマットの上で戦っている気がして、2倍の力が出るように感じます」

僕はこの言葉を聞いて、沙保里さんは「勝てるだろうか」という不安や恐怖が心のなかに出てくると、お父さんの存在を力にして気持ちを切り替え、前に進んでいるのだと思いました。お父さんは、いまでも沙保里さんの心のなかにいるのです。

悔しさを100%出し切れば、また前に進める

「リオオリンピックに対する気持ちは、不安よりもワクワクのほうが大きいです」

と、沙保里さんは語ってくれました。

「打倒吉田で練習や研究を重ねて出てくる外国選手に、『ドンとこい！　私だってこれだけ練習してきたんだ！』という気持ちで立ち向かうだけ。リオという夢舞台で失敗は許されないので、命を懸けて、という思いです」

リオという一つの場所に命を懸けた沙保里さん。まさに一所懸命！　その前向きさは、理屈では説明できない〝天然〟です。だから彼女は、プレッシャーに対するメンタルトレーニングをしたことがありません。

　ところが……。

　これほど前向きな沙保里さんでしたが、リオオリンピックの決勝戦で逆転負けし、オリンピック四連覇を達成することはできませんでした。

「取り返しのつかないことをしてしまいました……」

　そう言いながら号泣する彼女の姿を見て、「吉田選手はどうなってしまうんだろう」と心配した人は多かったと思います。

　けれど、閉会式のときの沙保里さんは、いつもの笑顔に戻っていました。

「金メダルがほしかったけど、リオで銀を獲《と》ってメダルの種類が増えました」

とさえ語っていました。

　リオでの敗北は、彼女がはじめて受け入れなければならない自分自身の弱さでしたが、これ以上の涙は出ないんじゃないかと思うくらい泣きに泣いて、負けた悔《くや》しさを100%出し切ったので、現実を受け入れて前向きにとらえることができたのだと思います。

　その後も、沙保里さんが消極的になった印象はゼロです。東京オリンピックをめざす現役選手として、レスリング日本女子代表のコーチとして、また以前からの〝吉田沙保里らしさ〟を発揮《はっき》してメディアでも活躍しています。

彼女が自分らしくいられるいちばんの理由は、どんなときでも自分を肯定していること。自分の弱さも受け入れたうえで、前に進んでいるのです。

試合は勝つほうがいいに決まっていますが、オリンピックで負けた人の気持ちをはじめて体験したことは、これから沙保里さんが後輩を指導していくうえで、きっと役に立つことでしょう。

吉田沙保里さんから僕らが学べることは、負けることは怖くない、ということです。負けたら100％悔しがり、そのあとまた積極的に前に進んでいくことは可能なんだ、ということです。

ただ、それは僕たちにとって、なかなかむずかしいことですよね。負けや失敗を経験すると、「だから自分はダメなんだ」と自己否定してしまう心の弱さが、僕もふくめてみんなのなかにあると思います。

でも、これまでお話ししてきたように、弱さは悪いことではない。前へ進んでいくための第一歩は、弱さもふくめて、ありのままの自分を丸ごと肯定してあげること。

そして二歩目は、どうすれば後ろ向きになった心を前向きにしていけるのかを考え、その方法を実行してみることです。

次項からは、心の弱さが出そうなときに僕がやっている「弱さを前向きパワーにしていく方法」を紹介します。あなたなりにアレンジして実践してみてください！

「ヤバイ！」と思ったらガッツポーズ

羽生結弦選手は、緊張したとき心をどうコントロールするかについて、こう言っていたことがあります。

「ヤバイという感情の奥には焦《あせ》りがあり、焦りの奥には不安があります。突き詰めると、本当にちっぽけなもので、楽しさとか感謝の気持ちでどうにでもなる。感謝の気持ちをもって滑《すべ》ることがカギなんです」

緊張というのは心の問題だから、自分の心のとらえ方しだいでコントロールすることができる、ということです。

試合や試験、人前で発表するときなどは、誰でも緊張します。僕も現役時代には試合前に極度に緊張したし、いまでも『報道ステーション』の本番直前には手が氷のように冷たくなり、体じゅうに寒気が走るような感覚になります。

でも、僕はその感覚がけっして嫌いじゃありません。大事なところで緊張するのは、「この試合に絶対に勝ちたい」「自分の気持ちをうまく伝えたい」と本気になっている証拠だと思っています。「ど〜でもいいよ」と思っていたら緊張なんかしません。緊張するのは、いいことなんです！

「失敗したらダメなやつだと思われちゃう」と不安になるかもしれないけれど、人は自分が想像するほどあなたのことを悪く思っていないから、安心していいんですよ。むしろ、「自分はいま、こんなに本気になっている」と喜んでください！

そして、

「よっしゃあー、緊張してきた！」

と、ガッツポーズして叫《さけ》んじゃうくらい自分を応援して、緊張をプラスの力に変えていきましょう。

ガッツポーズは感情の表れなので、自然に出てくるのがベストです。けれど、自分のなかにあるプラスパワーを１００％引き出すために、ふだんから練習しておくのもいいでしょう。パワフルなガッツポーズをすれば、あなたの表情は自然と明るくなっている！　これで失敗に対する不安が減り、緊張をプラスの力に変えていけるはず。

ただし、まわりの人を不愉快にさせるガッツポーズは本当のガッツポーズとはいえない。テニスでは、対戦相手に向かってガッツポーズをするのは失礼なこととされています。ガッツポーズは、あくまでも自分に対してするもの。本番前にトイレのなかでしたっていいし、心のなかでするだけでも気持ちがグンと上がります。

吐く息といっしょに不安を抜く技術

か？

緊張したとき、深呼吸をするという解決法がよくいわれます。あなたも実践しているかもしれませんね。ところでそのとき、ひょっとして息を吸うことばかり意識していないでしょうか？

僕自身も緊張しそうなとき、自分をコントロールする方法のひとつとして深呼吸をよく使います。その際、息を吐くことのほうに意識を向けています。息を吸うときにお腹をふくらませ、息を吐くときにお腹を引っ込める「腹式呼吸」という呼吸法を用いて、息といっしょに自分のなかからネガティブな考えを吐き出すことに重点を置いているんです。

僕の場合、お腹を意識しながら4秒間、息を吸い込んで、そのあと4秒間、息を止めます。そして8秒間、ゆっくりと息を吐き出していきます。

息を吸い込む・止める・吐き出す時間は、人それぞれです。実際にやってみて、自分に合う時間を見つけてください。時間が長いほうがいいとは限らないので、無理をしない程度にやることが大切。

息を吐き出すときのポイントは、心のなかのマイナス要素を入れることです。

「この試合、負けるんじゃないかな」

「みんなの前でヘンなことを言っちゃいそうだ」

「試験に合格できるかな」

といった不安をすべて吐き出そうとすることが大事。そうすると肩の力が抜けていき、体がやわらかくなったような感覚になり、落ち着いてくるはずです。

こうして息を吐き出すと、吸うほうは自然に入ってきます。僕はそのとき、「リラックス」「ゆっくり話す」「笑顔」といった良いイメージを体のなかに取り込むつもりで息を吸い込んでいます。

富士山は僕の最強パートナー

ものすごく緊張してきたとき、僕にはいつも思い浮かべるものがあります。それは、富士山なんです。

「日本一高い山だから」「世界遺産だから」ということが理由ではありません。「挑戦しがいのある山だから」という理由でもありません。というか、僕は富士山に登ったことさえ一度もない。理屈抜きで富士山が大好きなんです。

現役時代、メンタルトレーニングで座禅《ざぜん》を組んだり瞑想《めいそう》したりするときに、「自分がいちばん好きなものを思い浮かべなさい」とメンタルトレーナーに言われて、パッと出てきたのが富士山でした。その姿を思い浮かべたら、数秒で気持ちが落ち着きました。

当時は世界を相手に戦っていました。だからこそ、日本の良さや日本らしさを自然と意識するようになり、その象徴として美しい富士山の姿を思い浮かべたのかもしれません。

それから僕は、富士山をイメージするだけでめちゃくちゃ応援されているような感覚になっていきました。自分らしさを取り戻すことができ、モチベーションが高まっていくのです。

海外を転戦するときも、富士山の写真を必ずバッグの中に入れていくようになりました。気持ちがくずれそうになるたびに取り出して見て気持ちを切り替える。いえ、バッグの中に入れておくだけでも、応援されている感覚になって力をもらいました。

「おまえ、あきらめないでやるって言ったよね」

と、富士山から言われているような感覚です。心に何か弱い部分があったとしても、富士山が「もっと強くならなきゃダメじゃないか！」と叱《しか》ったりすることはありません。ただそこにいて、

「弱さがあるのは悪いことじゃない。ただ自分を出せばいいいんだよ」

と、言われている気がしてくるんです。

いまでも僕は、緊張したときには富士山を思い浮かべながら瞑想をしています。

まず背筋を伸ばし、肩幅に足を開いて立ち、両腕をぶらりと下げて目を閉じます。

そして、両腕を振り子のように大きく前後に揺《ゆ》らしながら、富士山を思い浮かべます。

30秒ぐらいそうしていると、自分が振り子のようになっていくのを感じます。気持ちが落ち着いてきて、ド緊張をはねのけて集中している自分がいます。

僕の場合は富士山ですが、富士山でなければいけないということはありません。瞑想するときは、あなたの好きなものを思い浮かべればいい。家族や好きな子の笑顔、あこがれているスポーツ選手やアイドル、アニメの主人公、ペット、田舎の風景……。大好きなものを思い浮かべて、30秒たつころには、気持ちが落ち着いて、「キモがすわる」感覚になっているはずです。

思い浮かべる「大好きなもの」は、そのときどきで変わってＯＫ！　状況によって、自分の考え方や見え方はいつも違うんですから。

僕の場合、おばあちゃんの笑顔を試合中に思い浮かべて、冷静さを取り戻せたこともあります。「人生の最後に食べるのは、おばあちゃんのつくったみそ汁だ」と決めていたほど、おばあちゃんが大好きだったんです。とくにおばあちゃんの笑顔がすてきでした。

これまで僕がいちばんストレスを感じたのは、ウィンブルドンでベスト8に入った試合のマッチポイント。とんでもないほどの緊張や不安がおそいかかってきて、何度も何度もおばあちゃんの笑顔を思い浮かべました。

茂木健一郎先生にこの話をしたら、「そのときのおばあちゃんは、脳科学の専門用語で『内部モデル』といわれるものです」と、おっしゃいました。

内部モデルというのは、人が何かにチャレンジするとき、心の支えになるもののことです。

僕にとっては、富士山やおばあちゃんが内部モデルになった、というわけです。

茂木先生によると、緊張や不安でストレスを感じたときにパッと思い浮かべるイメージは、必ず感情と結びつくので、できるだけ感情価値の高いもの（つまり、大好きなもの）がいいそうです。

いわば、そのイメージはストレスを小さくするための〝思い浮かべる薬〟。あなたも、そういう薬を持っておけるといいですね！

想像する力には、とてつもないパワーがある

「これは○○産のフルーツです」「この魚は△△地方で獲れました」などと言われると、いつもと違うおいしさを感じることがありませんか？

それは名産地だからというだけでなく、その地方の自然や風土、作物をつくっている人や魚を獲っている人たちのことをイメージし、より身近に感じるからだと僕は思います。

たとえば、愛媛《えひめ》のみかん。瀬戸内《せとうち》の温暖な気候のなかで、一つひとつ心をこめてつくられたことをイメージしながら、皮をむき、口に運ぶだけで、僕は瀬戸内海を見下ろす小高い山の上に立っているような気がしてきます。いつもとは違ったおいしさを味わえるのです。

南アルプスの山奥で湧き出たミネラルウォーターを飲むときも、東京のど真ん中にいたって

僕の心は南アルプスに行っています。そうやって飲むほうが楽しいし、いっそうおいしさを感じます。

イメージをふくらませれば、どこにでも行けるし、みかんを食べたり水を飲んだりするだけでいい気分になれる！

これほど簡単なことはないと思いませんか？

しかも、イメージのなかではフィクション（現実に存在しないこと）だって信じることができるのです。こうした想像力をうまく使えれば、心が弱ってマイナスになりそうな気持ちを、いくらでもプラス方向に変えられるだろうな、と思います。

実際に僕は、緊張したときイメージする富士山に「自分を出せばいいんだよ」と言われて励《はげ》まされました。この章の最初でお話ししたように、吉田沙保里さんは、亡くなったお父さんがマットの上でいっしょに戦っているイメージによって「力を2倍出せる」と語っています。

富士山がしゃべったり、亡くなった人が現れるなんて、現実的にはありえないフィクションです。でも人間は、イメージのなかではフィクションを信じることができるし、それを自分にとって、とてつもなく大きな力に変えていけるのです！

『サピエンス全史　文明の構造と人類の幸福』上下巻（ユヴァル・ノア・ハラリ著、柴田裕之訳、河出書房新社）という本には、大昔に人類が進化するなかで、僕たちの祖先であるホモ・サピエンスが生き残って繁栄したのは、フィクションを信じる力があったからだ、ということが書かれています。イメージしたフィクションを信じ、自分の力にするとき、僕たちはホモ・サピエンスとしての力を使っているのかもしれませんね。

イメージするときは、あなた自身の感覚を大切にしてください。人が見たら「そんなこと、ありえない」「なにそれ？　ヘンだよ」と思うようなものでも、あなたの力になるなら、それでいいんです！

「人にこう言われたから」ではなく、「自分にとって力になる」と思うものをイメージするからこそ、自分をいい方向に持っていけるのです。

主役はあくまでも自分。「自分にとって」がキーワードです！

〝心のマイナスタンク〟をあふれさせない

人間は、イメージを自分の力に変えていける一方で、ちょっと「イヤだな」と思うものに対して、よりイヤになるようにイメージをふくらませてしまうことも得意です。

たとえば、「オレは数学が嫌いだ」と思うと、「勉強したって、どうせできっこない」と何もしないうちからあきらめてしまったり、「この人、なんかイヤ」と感じると、「陰《かげ》で私の悪口を言っているかも」と、その人をさらにイヤになりそうな可能性を探したりします。また、「成功したい、勝ちたい」という思いが強すぎると、まだ何もしていないうちから「失敗したらどうしよう」と不安になり、自分で焦りを大きくしてしまうこともあります。

僕にだって、そういうところはあります。

でも、これだと、どんどん悪い方向に考えて、自分のなかのマイナス要素を大きくすることにしかなりませんよね。

僕が瞑想したり座禅を組んだりするのは、自分のなかのマイナスの要素を消すためです。

瞑想や座禅をするときは、よけいなことを考えず、心を「無」の状態にしなければなりません。だから、心のなかにある焦りや不安や苦手意識を捨てます。別の言い方をすれば、心のなかにある〝マイナスタンク〟を空っぽにしているわけです。

それでも、松岡修造という人間そのものが変わるわけではありません。そのため、瞑想や座禅でマイナスタンクが空になっても、それが終わるといずれまた、新たなマイナス要素が入ってきてしまいます。これは避けられないことです。でも、1回〝マイナスタンク〟を空にしているので、新しいマイナス要素がちょっと入ったくらいでタンクがいっぱいになってしまうことはありません。

一方、マイナス要素をずっと捨てないでいると、それがどんどん〝マイナスタンク〟にたまっていき、ついにはあふれ出してしまいます。こうなると、焦りや不安やイヤな気分は自分でもコントロールできないほど大きくなってしまいかねません。

ただし、〝マイナスタンク〟があふれることがなければ、やり方しだいで自分のなかにあるマイナス要素をプラス要素に変えられると思うんです。

なぜなら、「この科目が嫌い、あの人がイヤ」という苦手意識は、好きになろうと努力する意欲につながるし、「失敗したらどうしよう」という焦りや不安は、いい結果を出そうと本気になる動機づけになるのですから。要は、心の受け止め方をどうスイッチするかです。

だから、自分のなかにあるマイナス要素を全否定する必要はありません。マイナス要素を完全になくすことはたぶん誰にもできないので、ときどき消して、〝マイナスタンク〟をあふれさせないように調節しておけばいいんです。

その手段として瞑想や座禅は効果的だと思います。けれど、「自分にはむずかしそうだ」という人がもしいたら、日常のちょっとした言葉や行動によってもできます。次にいくつか紹介するので、これを試してみてください。

マイナス要素を消す方法

① 面倒くさいときは、「よっしゃ！」

予習復習やスポーツの基礎練習、資料づくりの仕事などは、地味だし変化がなくて面白くないと思うでしょ？　でも、面倒くさいことをやり遂《と》げると、確実に力がついて、あなたにとってプラスになるんです。

だから、「あ〜あ、面倒くさい」と思ったら、「よっしゃ！　面倒くさい」と言い換えてみよう。それだけでも、取り組み方がぜんぜん違ってきます。やり遂げたら、「成長したぞー！」と、心のなかで思いっきり叫んでください。

② 不安になったら、「ありがとう」

「どうせ失敗するんじゃないか」「勝てないかもしれない」という不安が出てくるのは、「成功したい」「勝ちたい」「頑張りたい」と思っているからです。だから僕は、「よかった！　オレ、頑張ろうと思ってるんじゃん。ありがとう、ありがとう」と、心のなかで言うようにしています。もともとはポジティブな気持ちから出ている不安なので、それを自分の力にしてしまうわけです。

人に「ありがとう」と言うときには、必ず心を込めて言ってほしいけれど、このときの「ありがとう」には意味がなくたっていいんです。自分を応援するひとつの呪文みたいなものだと思ってください。

とにかく、「ありがとう、ありがとう、ありがとう」と、自分に向かってとなえ続けることが大事です。「ありがとう、ありがとう」と言っているうちに悲しくなっていく人はいません。言い続けているうちに、自然と気持ちが前向きになっていきます。

③前向きカン違いで自分をほめまくる

日記帳や白い紙に、自分へのほめ言葉を書いてみよう。

「じつはオレ、Aちゃんにアタックして両思いになっちゃったんだよね〜♡」

いいぞ、その調子、その調子！

「試験で100点取ったし！　勉強、本気で頑張ったからなっ！」

おー、いいよ〜！　もうイッチョ！

「部活はレギュラーだぜ。人の10倍努力したもん。オレってチョーイケてる！」

自分へのほめ言葉は、自分への応援です。カン違いだってOK！　前へ進んでいこうと思えるようになりますよ。

これには根拠があります。スポーツの試合では、自分と相手のレベルがだいたい同じ場合、「今日はダメじゃないかな」などと考えると、ネガティブな波動が筋肉にすべて伝わってしまい、体の動きが悪くなるといわれています。逆に言えば、「オレのほうが強い」「私なら勝てる！」と前向きに考えれば、それなりの結果が出やすい、ということです。

いい意味のカン違いをすれば、人は大きく変わります。そのカン違いを誰かに伝える必要はありません。人前で言えば、自慢話だと思われて誤解されてしまうこともあるので、紙に書き、心のなかで「自分の実力だ！」と、ひそかに笑っていればいいんです。

さあ、恥ずかしくなるほど自分をほめまくって、前へ進んでいこう！

鏡の前で自分に誓おう

僕は毎日、鏡《かがみ》に映る自分に向かって「誓いの言葉」を発しています。

独立決断
自分はけが、病気は絶対しません
怒らず、恐れず、悲しまず　正直、親切、愉快に
力と勇気と信念を持って　自己に対する責務を果たし
愛と平和とを失わざる今日一日
〇〇、〇〇、〇〇（家族の名前）と、おごそかに生きていくことを誓います。

この誓いの言葉は、「絶対積極」をとなえて独自の成功哲学を確立された中村天風《なかむらてんぷう》先生の言葉を、僕なりにアレンジしたものです。

トップジュニアの指導をするなかでも、「絶対積極」をテーマにした合宿をやることがあります。「絶対積極の合宿」とは、「できない」「ダメ」などの消極的な言葉を絶対に使わせない

合宿です。天風先生の教えは子供たちにはむずかしいので、僕流にアレンジして実践しているんです。

毎日、鏡に向かって誓いの言葉を口にするのは、いわば僕だけの「絶対積極一人合宿」！

誓いの言葉は、朝起きたときと夜寝る前に、声に出して言います。大声を出すわけではありません。小さな声でも、自分に対して強く言葉を投げかけるイメージです。誓いの言葉を口にするだけで、毎回、気持ちが前向きになります。

でも……。

「けが、病気は絶対しません」と言いながら、内心、「なんか寒気がする、カゼをひいたかな？」と思うことがあります。「愛と平和とを失わざる今日一日」を誓った30秒後に、妻とケンカをしたこともありました。

じつは、誓いの言葉に並べたことは、僕の最も弱い部分ばかりなんです。

たとえば、「けが、病気は絶対しません」は、二度の大けがと病気で長期入院した経験から、もうそんなことがないようにしよう、という思いで誓っています。

「怒らず、恐れず、悲しまず」も僕の弱点です。パソコンが思うように動かなくてイラッとしたり、本番前に恐怖心からド緊張したり……。そんなとき、体にしみ込んだ誓いの言葉で〝冷静修造〟になれるのです。

誓いの言葉は、心の軸がブレないように自分を応援するためのものです。朝と夜のほかに、ネガティブ思考にとらわれそうになったときにも鏡の前に行って言います。

なぜ鏡の前なのかというと、自分を客観的に見ることができるからです。鏡のなかの自分に言い聞かせる僕と、鏡のなかの自分から言われる僕――。2人の修造がいる感覚になり、言葉の内容がより強く自分のなかに入ってきて、パワーをもらえる気がします。

さあ、あなたも、自分だけの誓いの言葉をつくって鏡の前で言ってみよう！

前向きになれないとき、何かに悩んで決断できないときに、きっとパワーをもらえます。

僕みたいに長い言葉にする必要はありません。「できる！」だけでもいいし、「できるよ、修造！」「大丈夫、修造！」のように、自分の名前を入れて言うのもいいです。

コツは、自分の目をしっかり見つめて、言葉に強い思いを込めることです。

鏡のなかのあなたも同じように返してくれるから、応援効果は2倍！

「もっと前向きに考えなさい」「自分に自信を持てよ」と言ってくれる親や友達などの気持ちも入れれば、応援効果は5倍にも10倍にもなる！

続けるうちに言葉が体にしみ込んでいき、自然と行動に移せるようになっていくはずです。

朝、鏡の前で言う時間がない人は、電車の窓に映る自分に言っても同じ効果があります。ただし、電車のなかで「できる！」と声を出したら周囲の人がビックリしちゃうので、そのときは心のなかで言うようにしよう！

悲しいときは、とことん落ち込んでいい

喜怒哀楽《きどあいらく》の感情は心の声です。心の声をごまかさず、素直に受け止めよう。

悲しいとき、つらいときには、無理して前向きになろうとしなくていい！　後ろ向きになっている気持ちを涙や言葉にして吐《は》き出し、とことん落ち込んでください。そのほうが、次のステップに行きやすくなります。

ネガティブな気持ちを吐き出すために、僕はこんなことをやっています。

①心を癒《い》やしてくれる好きな音楽を聴いて涙を流す

この曲を聴くと泣けてくる、という音楽を聴いて悲劇の主人公になりきり、そんな自分に酔います。そして、涙を流して思いっきり泣く！　これがいちばん効く！

②一人になって叫ぶ

「なんであそこであきらめちゃったんだよおーっ！」「どうして自分の気持ちを言えないんだあーっ！」などと、心のなかにあるすべてのネガティブな言葉を、思うぞんぶんわめきます。

驚くほどスッキリしますよ。

ただし、人前でやるとみんながビックリしたり、イヤな思いをしてしまうこともあるので、まわりに迷惑をかけない密室で思いっきり叫ぼう。僕は自分の部屋、トイレやお風呂場、クルマのなかなど、一人になれる場所で叫んでいます。

③ノートに泣き言や愚痴を書く

自分のノートに何を書いても、誰にも迷惑をかけません。この世の終わりのような泣き言や愚痴《ぐち》をグチグチめいっぱい書いて、自分の気持ちをさらけだす。

こうして感情を素直に出すときが、いちばんあなたらしい瞬間です。思いっきり泣いちゃえ！　わめいちゃえ！　それはぜんぜん恥《は》ずかしいことじゃありません。悲しみやつらさを押し殺さず、心から感じ取ることが力になります。「ここまで落ち込んだら、あとは上っていくだけ！」と思えてきて、また前を向くことができますよ！

イラッとしたら〝自分実況・自分解説〟

思い通りにものごとが進まなくてキレてしまったり、友達に何か言われてイライラしたりすることが、あなたにもありませんか？

僕はクルマを運転しているとき、カーナビが道を間違えて遅刻しそうになったりするとカッとして、「おまえ、なにやってんだよ！」と、カーナビに怒鳴っていることがあります。

仕事でイライラすることはあまりないのですが、家族だと甘えてしまうのか、どうしても感情が先に出てきてしまい、夫婦や親子で大ゲンカになることがよくあります。妻に言い負かされそうになって、逆上《ぎゃくじょう》して大声を出していることもあるんです。

感情を出すのは人間らしい自然な行動ですが、その場の空気が悪くなるのはイヤなので、イライラや怒りはできるだけコントロールしたいと思っています。

そのために僕がやっているのは、〝自分実況・自分解説〟です。

テレビのスポーツ中継のとき、アナウンサーと解説者がいますよね。キレそうになったら、自分がアナウンサーと解説者の両方になり、心のなかで実況放送をするんです。

たとえば、こんな感じです。

実況アナ修造　「おおっと、修造がキレはじめた！」
解説者修造　「奥さんの言葉にカチンときたようですね」
実況アナ修造　「ここで怒りを爆発させるのでしょうか？」
解説者修造　「うーん。そうなると、さらにマズイことになりますよ」
実況アナ修造　「修造、ピンチ！　さあどうする⁉　どうする修造！」

感情的になると自分の気持ちしか見えなくなるので、「相手が悪い、自分は100%正しい」と思ってしまいますが、〝自分実況・自分解説〟を真面目にやっていくと、一歩引いて自分を客観的に見ることができ、冷静になれます。

あなたもやってみてください。冷静になると、大問題だと思っていたことが、じつはちっぽけなことでしかないと気づき、「ぷっ」と笑いがこみ上げてくることもあります。

笑いが出たら、キレそうになったことは忘れよう！

怒りの理由を〝心の叫びホルダー〟に入れよう

感情をコントロールできずキレてしまったときは、「どうしてキレたのか？」を自分の心に問いかけてみましょう。

「Aくんと話していてキレた」→「なぜキレたの？」→「Aくんが『なんだよ、その態度』ってオレに言ったから」→「どうしてAくんはそう言ったの？」→「オレがAくんの話を無視したからかな？」→「なんで無視したの？」……。

自分に対する質問を続けていくと、必ず答えが出てきます。キレた理由は、意外とささいなことかもしれません。

この一人問答を紙に書いていくと、自分を第三者的な目で見直すことができます。書くのが面倒な人は、スマートフォンのボイスレコーダーに〝心の叫びホルダー〟をつくっておき、そこに向かって頭にきた理由を思ったまましゃべってください。

話をきれいにまとめようとする必要はありません。起承転結《きしょうてんけつ》も無視してOK。むしろそのほうが、あとで聞き直したときに「オレ、何を言おうとしていたんだ？」と想像するのがおもしろい！ 自分の言ったことを自分で問いただすような感じになります。

たとえば人間関係でイヤな思いをしたときなら、なぜイヤなのか理由を言います。「とにかく相手がイヤなやつなんだよ」と漠然と言うのではなく、相手のイヤなところをできるだけ具体的に述べてください。

すると、「だってあの人、話すときこっちにグーッと寄ってきて、それが近すぎるんだもん」とか、「練習のあと飲もうと思ってたスポーツドリンクを、あいつに飲まれちゃったんだよ」とか、あとで聞き直すとバカバカしくなるような小さなことを、自分のなかでむちゃくちゃ大きくしていたことに気づくと思います。そういうケースが多いんです。

「相手が全部悪いわけじゃなかった」「あいつもいろいろ考えて行動しているんだな」といったことにも気づけるはずです。

「カッカした自分が悪かった」と思ったときは、「ごめんなさい」の気持ちをすぐに相手に伝えよう。感情にまかせて言いっ放しにしておくと、仲直りするのがどんどん難しくなってしまいますよ。

〝心の叫びホルダー〟は、気持ちが落ち込んだときにも活用できます。落ち込んだ理由を言い、あとで聞き直すと、「オレは弱い、ダメだ、最低人間だ」「どうせ私は人前で笑顔を出せませんから……」などと、本当はそんなことないのに、自分のことを勝手に悪くとらえている場合があります。

また、ものごとがうまくいかないときに「オレ、このまま終わっちゃうんじゃないか？」と不安な気持ちをしゃべっていた自分が、ものごとがうまくいきはじめたときにも「このままうまくいくはずないよな。何か悪いことが起こるに決まってる」と不安になっていることに気づいたりもします。

人間は、想像力をどこまでも広げていける生き物です。だから、状況が悪いときもいいときも、何かしら不安を抱えてしまうのです。それをどうやってコントロールして状況をプラス方向にとらえていくかが、「成功できるか、できないか」を分けるポイントのひとつになります。

スポーツや仕事の世界では、状況をマイナス方向にとらえると勝てません。成功している人たちは、マイナス方向にとらえない人たちです。もちろん、その人たちにも心のなかにマイナス思考が絶対に出ているはずですが、それを選択しない人たちなのです。

自分への応援メッセージを持つ

平昌オリンピックを取材していたとき、僕は「寒い禁句」と書いた紙をスタジオの入り口に貼っていました。

まわりの人たちに命令していたわけではありません。これは、自分自身への前向きな言葉だけと同じです。「う～、寒いなあ」と言うと、気持ちまでちぢこまってネガティブになってしまいそうだったので、自分に対して「禁句」にしたのです。

体は寒がっているけど、心は熱い！

そう思うだけで、僕のなかでは寒さのとらえ方が変わります。気持ちが前向きになります。

これの逆も同じで、暑いときに「暑いなあ」と言うとヘナヘナになりそうなので、あえて「ちょっと暖かいね」と言うようにしています。

僕はこれを〝自分だまし〟と呼んでいます。「だます」には悪いイメージがありますが、〝自分だまし〟は前向きになるための自分への一種の応援！　悪いことではないと思います。

「できない」と思っても、「できる！」と言い続けるうちに潜在能力が引き出されることがあります。また、オリンピック選手の多くが「金メダルを獲ります」と言ってモチベーションを高めていきますが、これも〝自分だまし〟の一種です。

こんなふうに言葉には、人の気持ちを変える大きな力があるんです！

ウィンブルドンでベスト8に入ったとき、僕は試合中に、

「この一球は絶対無二《ぜったいむに》の一球なり！」

と、何度も大声で叫びました。日本テニス界の大先輩である福田雅之助《ふくだまさのすけ》さんが残した、僕の大好きな言葉です。

テニスの試合中は、「勝たなければ」というプレッシャーもふくめて、自分のなかの弱さが浮き出てくるような感覚になります。攻めなければいけない場面で守りに入ってしまったり、自分を疑って本来やるべきプレーができなかったり……。そうなりそうな自分を応援するために、僕はこの言葉を叫んでいました。テニスのように一対一で戦うスポーツでは、自分で自分を応援できない選手は絶対に勝てないんです。

人から応援されるのもいいけれど、自分で自分を応援する方法を知っていれば、こんなに手っ取り早いことはない！　あなたも、好きな言葉で自分を応援してみませんか？

好きな言葉が見つからない人は、応援メッセージを自分でつくるのもいいと思います。つくり方のポイントはただひとつ、自分の思いを込めることです。

そうやって僕がつくってきたたくさんの応援メッセージのなかのひとつが、

「崖《がけ》っぷちありがとう！　最高だ！」

なんです。

崖っぷちとは、「無理だ、もうイヤ、できっこない」と追い詰められ、逃げ場をなくした状況のこと。誰だって、そんな状況になりたくないですよね。

それなのに、なぜ感謝しているのかというと、「追い込まれているからこそ、それが力になる」と、崖っぷちを肯定しているから。この言葉には、「本気になれるチャンスだ！」という思いを100％込めているんです。あえて逆のことを言う〝自分だまし〟とは、また違う感覚の応援の言葉です。

パッと聞くと、「崖っぷち最高？　なに逆のことを言ってるんだよ」と思うかもしれませんが、それが面白さになって、みんなが笑顔で「そうか、考えてみればそういうとらえ方もあるよね！」と受け止めてくれれば心に入っていきやすいだろうな、と思っています。

「自分を持ちたいなら、サバになれ！」

という応援メッセージもあります。

いろいろな魚が泳いでいる水槽《すいそう》を見たとき、サバはまわりの魚を気にせず、ゆったりと泳いでいました。名前がサバだから、常にサバサバしているのか？　「よしっ、オレもサバみたいに自分らしく生きていこう！」という思いを込めました。「いや、人はサバになれませんよ」と言う人もいるでしょうが、僕自身は本気でそう思っている。ここが大事なんです。

「世の中、頑張っていないものはひとつもない」という視点で自分の周囲を見まわせば、応援メッセージの素材はいくらでも見つかります。自分に対して前向きな言葉がけができるようになれるはずです。

何をメッセージの素材にし、その素材から何を感じ取り、どういう言葉にするか。僕に負けないくらいの全力スマッシュで応援の言葉をつくってみてください。そうすれば、自分を表現する力も自然に磨《みが》かれていきますよ！

あえて崖っぷちをつくってみる

逃げ場のない崖っぷちに立たされると、人は必死になります。つまり、〝集中ゾーン〟に入って最高の力を出せるチャンスです。「崖っぷちありがとう！　最高だ！」と前向きにとらえれば、あなたの脳はフル回転するようになります。

これも茂木健一郎先生からうかがったことですが、脳は苦しんで何かを達成するたびに喜んで強くなるそうです。

たとえば、数学の難問に挑戦し、考えに考え抜いて正解を出すと、「やったーっ！」と嬉しくなって、もっとむずかしい問題に挑戦したくなるでしょ？　ゲームやクイズで同じような経験をしている人もいるはずです。

自分の能力ギリギリの時間やレベルを決めて勉強や仕事をすると、それを乗り越えたときに脳は最高に喜び、その喜びが強烈な記憶として残り、学習効果が上がるそうです。

僕はそのことを知ってから、いいアイデアが浮かばなくて落ち込みそうなときや、むずかしい本を読んでなかなか理解できないとき、「よーしっ！　オレの脳、ブルブル震《ふる》えて喜んでるぞ！」と思うようになりました。実際に、そうするといいアイデアが浮かぶようになり、本を読むスピードも速くなったんです。

いまでは、「これができなかったら次はない！」という崖っぷちをあえてつくり、自分にプレッシャーをかけるようにしています。たとえば、次のように。

①自分で決めた時間内に勉強や仕事をやり遂げる

「この企画を30分以内に考える」などと、〝制限時間〟を決めると、やるべきことに集中できます。勉強の場合なら、「1時間で問題集の◯ページまで解《と》く」「2学期の始業式の5日前までに夏休みの宿題を全部終わらせる」といったことです。時間を区切ることで、勉強や仕事に欠かせない計画性や、時間を上手に使いこなす能力も身についていきます。

②漠然とした目標を具体的な数字にする

ぼんやりと「いい結果を出したい」と思うよりも、目標を具体的な数字にするほうが、〝やるべき〟ことがはっきりして、モチベーションが上がります。

僕の場合、「この番組で視聴率を◯◯パーセント取らないと次がない」と視聴率で崖っぷちをつくり、「誰とどんな話をして、何を伝えれば、少しでも多くの人が観てくれるか」を考えていきます。勉強の場合なら、「次の模擬試験で偏差値××以下なら志望校を変える」などと目標を決め、そのために必要なことをクリアすることになります。

時には自分でつくった崖っぷちから落っこちてしまうこともありますが、それでもいいんです。いい崖っぷちをつくれたときほど、そこから落ちたときの悔《くや》しさは大きくなり、それが次の崖っぷちにチャレンジする気持ちにもつながります。

大事なことは、持っている力の5割ぐらいしか出せていない自分を、「もうちょっと頑張って6割出せるようになろう」「7割出せるようになろう」と気持ちを変えていくことです。「どうせここまでしかできない」と思い込んでいる壁を破っていくのは、楽しいですよ!

5W1Hプラス「Feel」が大事

話すとき、書くときには「5W1H」を明確にしなさいと、よくいわれます。Who（誰が）、What（何を）、When（いつ）、Where（どこで）、Why（なぜ）、How（どのように）したのか、はっきりさせるということです。

僕は、これに「F（Feel：自分がどう感じたか）」をプラスしています。自分の心がどう感じたか、どう動いたかは、僕たちにとって最も大切なこと。「5W1Hプラス100万F」と言っていいくらいだと思っています。

さて、ここであなたに課題を2つ出します。時間はどれだけかかってもOKですから、トライしてみてください。

課題①「100万F」を使って、自分の弱さを100万感じてください。

……どうだった？

とてもじゃないけど、弱さを100万なんか感じられないでしょう。「これ以上、弱さはありません」と途中でギブアップしたはずです。そして、自分の弱さを探そうとしているとき、必ず自分の強さや良さが見えてきたはずです。

「オレの弱さは、これと、これと、これ……でも、こういうところは強いんじゃないか？」

「私は何もできない。100%ダメ……あれ!? そこまで悪くなかったかな？」

なんて。

テニスの試合で、「今日はサーブがぜんぜん入りませんでした」と言う選手に、「本当にぜーんぶ入らなかったの？」と訊《き》くと、「いや、そういうわけじゃないですけど……」と答えます。入ったサーブだってたくさんあったのに、入らなかったほうにばかりに意識を向けているから、「ぜんぜん入りませんでした」となってしまうんです。

それと同じで、あなたには強さや良さがたくさんあるんです。

いま、弱さに「F」を向けたら、それが見えてきましたよね？　だったら、これからは強さや良さに向ける「F」をどんどん敏感にしていこう。すると、もっとたくさん自分のいいところがわかってきます。感じる力「F」は、自分で好きなようにコントロールしていいんです！

課題② 超ネガティブで弱い言葉を思いっきり大きな声で何度も叫んでください。

たとえば、「オレ、絶対できないぞぉ――っ！」「私は何をやったってダメなんだよおおおおっ!!」のような言葉です（まわりの人がビックリしないように叫ぶ場所を選んで！）。

どう？　叫んでいるうちに、「こんなバカげたことってないな」と思ったでしょ。

なぜなら、弱い言葉や後ろ向きの言葉は、小さい声で言うのがふつうだからです。あなただって、「どうせできねえや」「もうダメよ」と、ボソッとつぶやくことがあるでしょう？

つぶやくという行動の裏には、「誰かに聞いてほしい」という気持ちがあるように思います。「そんなことないよ」「やればできるよ」と言ってもらいたいのかもしれませんね。

一方、強くて前向きな言葉は、大きな声で力いっぱい言うのがふつうです。スポーツ大会で選手宣誓を蚊《か》の鳴くような声で言う人はいないし、「できる！」「絶対に勝つ！」といった言葉を、ボソボソぼやくように言う人もあまりいません。自分のなかにその言葉が入ってきてほしいから大きな声で言うんだろうな――と、僕は勝手にとらえています。

だから、「自分は弱い」と思っている人は、弱い言葉を思いっきり叫ぼう！

「試合でミスして、オレのせいで負けちゃうぞぉぉぉぉ――！」

「できない、できない、あきらめた！　もう投げ出しましたぁ〜〜〜！」

「必ず試験に落ちてきますううう――っ！」

叫ぶたびに「あ〜バカバカしい」と思うのは、その言葉が自分のなかに入ってきてほしくないからです。本当のあなたは、弱さに負けてなんかいない。「強くなりたい」と思っているんです。そこに気づけば、勇気を出して立ち上がることができる！

このトレーニングの目的はそこにあります。つまり、これは「心の逆トレーニング」です。

ファミレスでできる決断力養成トレーニング

現役時代、体の調子はいいのになぜか成績が伸び悩んでいた時期がありました。そんなときに、アメリカのメンタルトレーニングの先生から、決断力を養《やしな》うトレーニングとして、「レストランでメニューを開いたら5秒以内に食べたいものを決めなさい」と言われたことがあります。

僕は食べることが大好きで、1時間でもずっとメニューを見て楽しめます。そして、「これがいいかな、あれがいいかな、やっぱりこっちかな」と、あれこれ迷ってしまうんです。「その決断力のなさが、ふだんのテニスでも出ている」と言われてしまいました。

そこで毎日、レストランに入ってメニューを開いたら、「5、4、3、2、1、これっ！」と注文するようにしました。はじめのうちは注文が終わるとすぐ、「あっ、こっちのほうがよかった！」と後悔してばかり。でも、もう間に合いません。

そんなことの繰り返しでしたが、半年ほどすると、「これっ！」と決めるまでがものすごく早くなりました。決めたあとで「こっちのほうがよかった」と思うこともすっかりなくなりました。ただ、メニューをパッと開けた瞬間、ものすごい目つきで注文するので、どの国へ行ってもお店の人に笑われちゃったけれど……。

このトレーニング法を教えてくれたジム・レーヤー博士は、テニスのナブラチロワ選手やアガシ選手をはじめ一流アスリートをコーチしてきた、メンタルトレーニングの権威です。

ファミリーレストラン、ファストフード店、カフェなどで簡単にできるので、ぜひやってみてください。メニューにはいろいろな組み合わせがあるし、ドリンクの種類やサイズも数えきれないほど。ファミレスでは主食やサラダのドレッシングなども何種類かあるので、「決断力養成トレーニング」をするチャンスは限りなくあります。

5秒以内に決めるのは無理！　という人は、少し時間がかかってもOK！　決めるときに味やにおいをイメージしたり、お店に行く前に「こういうものが食べたいな！」と思い浮かべたりするだけでも、五感の力が少しずつ高められていくはずです。

五感の力が高まると、いいイメージが呼び起こされて心と体がうまく連動するようになり、前向きな気持ちで行動できる、とメンタルトレーニングの世界ではいわれているんです。

〝ポジティブ嫉妬〟で2つの金メダル——髙木菜那

平昌オリンピックでスピードスケートの新種目、女子マススタートで金メダルに輝いた髙木菜那選手。

菜那さんは、妹の髙木美帆選手らと出場したチームパシュート（団体追い抜き）でも金を獲りました。夏季をふくめて、日本の女子選手がオリンピック一大会で金メダルを2つ獲得するのは初の快挙。姉妹が同一大会で金を獲ったのも初めてでした！

第3章でもお話ししたように、バンクーバーオリンピックのとき菜那さんは、妹が代表に選ばれたのに自分は落選するという大きな悔しさを味わいました。しかも、妹のオリンピック出場をきっかけに、周囲から「美帆さんのお姉さん」と呼ばれるようになったのです。

僕にもきょうだいがいるからわかるけど、こういう呼ばれ方は、自分のプライドや存在そのものを否定されたようでものすごく傷つきます。もちろん、周囲の人たちにはなんの悪気もなかったでしょう。けれど、「美帆さんのお姉さん」と呼ばれるたびに菜那さんは、「私だって頑張っているのに……」と感じたに違いありません。

髙木姉妹の性格は正反対で、姉の菜那さんは思ったことをすぐ行動に移す活発な性格、妹の美帆さんはクールにものごとを考えるしっかり者だといわれています。仲はいいのでしょうが、同じ競技をしていると比較されることが多く、お互いに複雑な思いを感じていたでしょう。とくに美帆さんが注目されるようになると、菜那さんの心には「うらやましい」「絶対に負けたくない」という思いがどんどん大きくなっていったはず。

きょうだいでライバル意識を激しく燃やすかどうかは性格にもよります。髙木姉妹の場合は2人ともアスリートですから、お互いに「負けてもいいや」なんて思うわけがありません。ことに、バンクーバーでは妹が出場、姉が落選、ソチではその逆になったので、常にお互いを意識しながら強くなってきたことは間違いありません。

マススタートで優勝したあと、菜那さんはこう言いました。

「これで『美帆のお姉さん』って言われないですみます」

僕は一瞬、「そんなこと言わなくてもいいのにな……」と感じましたが、すぐに思い直しました。菜那さんは、そう言わずにはいられないほど、「美帆さんのお姉さん」と呼ばれるのがイヤだったのです。

オリンピックがはじまってからも、菜那さんは妹の活躍の陰に隠れてあまり注目されず、「美帆さんのお姉さん」「パシュートで金を獲ったチームの人」という見方をする人も多かったように思います。その、苦しいぐらいのイヤな思い、「それだけは言われたくない！」という反発心が、マススタートでの彼女の力になったのだと思います。

誰かと比較されて陽の当たらない状況に置かれたとき、「こんちくしょう！」と思ってしまうのは人間の弱さのように見えるかもしれません。しかし、その思いは最終的にものすごいエネルギーに変わるのです。だから、弱さではなく強さです。人と比較されたら怒っていいんです。

その意味では、菜那さんは妹と比較されてきてよかった、とも言えます。なぜなら、「お姉さんも頑張っていますね、すばらしい！」と言われてきていたなら、マススタートであれほどのパワーを発揮できたかどうかわからないからです。

相手がきょうだいかは別として、あなたにもライバルがいて競争心を燃やすことがあると思います。ライバルが自分より上に行って注目されれば、嫉妬《しっと》もするでしょう。

僕は嫉妬がいいとは思わないし、人に嫉妬しないように自分では心がけていますが、髙木姉妹を見ていて、〝前向きの嫉妬〟というものもあるんだろうな、と思いました。

菜那さんにとって、妹の美帆さんに対する嫉妬は、いちばんのモチベーションになっていました。「絶対に美帆のお姉さんって言われたくない！　だから強くなろう！」という思いがあったからこそ、スケートにすべてをかけて取り組むことができました。マススタートのレース中も、その思いがあったから、アクセルをグイっと踏むことができたのです。

嫉妬心からライバルの邪魔をしたり傷つけたりするのは絶対によくないことです。でも、相手への複雑な思いを〝ポジティブ嫉妬〟にしていくのは、悪いことではないと思います。ライバルというのは、憎《にく》たらしい敵ではありません。むしろ、自分に足りないものを気づかせてくれ、自分を成長させてもくれる存在だととらえてほしい、と思います。

大切なのは、ライバルと比較されたときに「どうせ自分は……」とけっして口にしないことです。その言葉を言ったとたん、きっと自分が嫌いになり、ネガティブな嫉妬心にとらわれて成長が止まってしまうからです。

おそらく菜那さんも、美帆さんと比較されたときに、「どうせ私は妹みたいに強くありませんから」とは言わなかったでしょう。「だったら妹より強くなってみせる！」と、言葉に出さなくても心のなかで思ったはずです。イヤな思いを〝ポジティブ嫉妬〟に転換していたはずです。

今日から、「どうせ自分は……」は禁句だ！
どんなときでも、自分を好きでいよう。
そして、自分のよさに目を向け、自分を信じよう！

そうすれば僕たちは、自分のなかにあるいろいろな弱さから解放され、輝いていけるのです。

おわりに　人と比べない、過去の自分と比べない

本書をここまで読んでくれて、本当にありがとう！

自分の「弱さ」と向き合えば、僕たちはもっと成長していけると思います。

自分の弱さと向き合うときに、注意してほしいことがひとつあります。それは、他人と自分を比べないことです。「あの人みたいに強くなりたいな」と思える身近な人を目標にして頑張るのはいいけれど、その人と比べて「自分はダメだ」なんて思ってはダメ。とくに、まわりから高く評価されている人たちと自分を比べてはいけません。

スポーツや勉強が常にトップの子、仕事が抜群にできていつもほめられたり表彰されたりしているような人たちは、華《はな》やかな〝表サイド〟ばかり目に入るため、「こんなにすごい人がいるのに、自分はダメだ……」と、どうしても比べてしまいがち。自分のやったことがみんなに注目されないと頑張った感覚が持てない、という人もいるでしょう。また、うまくいっていたときの自分と比較して、いまの自分を否定したくなってしまうこともあるでしょう。

もう、それはやめませんか？

周囲の評価とは関係なく、みんな一所懸命に頑張っている。そこは平等なんだという意識でいるほうが、自分自身の心の状態を、より正確にとらえることができるようになるはずです。

成績がいい、何かの賞を獲《と》った、社会的に高いポジションにいる、といった人たちだけが「強い人、成功者」なのでしょうか。僕は、そうは思いません。

テニスの現役を卒業してから20年がすぎました。その間にいろいろな方々とお会いしてきたなかで、「本当の意味での人の評価は、目に見える成功だけでは測《はか》れない。いちばん大事なことは、その人がどう生きているかなんだ」と、心から思うようになりました。

世の中には、地道に頑張っているのに結果が出ず、評価されない人たちがたくさんいます。たとえば、早朝から部活に出ていき毎日欠かさず練習ノートを書いているのに、いつも1回戦で負けてしまう子供たち。勉強や仕事に一所懸命取り組んでいるのに、トップになれず、目立たない人たち。能力はあるのに日の目を見るチャンスに恵まれない人たち……。

ひょっとしたら、「自分は弱い、ダメだ」と思い込んでいるかもしれません。でも、地道な努力を続けることは、それ自体人間としての強さであり、僕から見ればすごいことをやっているんです。みんな、それぞれに「人生のチャンピオン」！　僕は、心から尊敬しています。

人と自分を比べず、いま、このときに自分のベストをつくす——。

そういう人たちを、僕はこれからも応援し続けます！

2018年5月　松岡修造《まつおかしゅうぞう》

松岡修造（まつおか・しゅうぞう）

1967年、東京都生まれ。10歳から本格的にテニスを始め、慶應義塾高等学校2年生の時、テニスの名門である福岡県の柳川高等学校に編入。その後、単身渡米、86年にプロに転向。95年のウィンブルドン選手権で、日本人男子としては62年ぶりのベスト8進出を果たすなど活躍。98年に現役を卒業。現在はテニス界の発展のため、男子強化プロジェクト「修造チャレンジ」などを通じてジュニアの強化と育成に尽力している。また、オリンピックのメインキャスターを務めるなど、メディアでも幅広く活躍している。

弱《よわ》さをさらけだす勇気《ゆうき》

二〇一八年六月二六日　第一刷発行
二〇一八年七月　九　日　第二刷発行

著者　松岡修造《まつおかしゅうぞう》

発行者　渡瀬昌彦
発行所　株式会社　講談社
東京都文京区音羽二丁目一二―二一　郵便番号一一二―八〇〇一
電話　編集〇三―五三九五―三五二二
販売〇三―五三九五―四四一五
業務〇三―五三九五―三六一五
印刷所　慶昌堂印刷株式会社
製本所　株式会社国宝社

定価はカバーに表示してあります。
落丁本・乱丁本は購入書店名を明記のうえ、小社業務あてにお送りください。送料小社負担にてお取り替えいたします。なお、この本の内容についてのお問い合わせは、第一事業局企画部あてにお願いいたします。

ISBN978-4-06-511561-9

講談社の好評既刊

野村克也
負けかたの極意
監督生活24年、1565勝1563敗。勝利や右肩上がりの成長が困難な今こそ「日本一負けた男」に学べ。人生が変わる究極の教え
1300円

越川慎司
新しい働き方
幸せと成果を両立する「モダンワークスタイル」のすすめ
だから日本企業の働き方改革は失敗する。5年間で80万人超が殺到、「ワークスタイル変革の聖地」で実践されていた〝方法〟とは？
1400円

エディー・ジョーンズ
ハードワーク
勝つためのマインド・セッティング
W杯で日本中を熱狂させたラグビー元日本代表ヘッドコーチが、チームを勝利に導くための方法論を自らの言葉で語った一冊
1400円

若田光一
続ける力
人の価値は、努力の量によって決まる
NASAが絶賛する超一流の宇宙飛行士は、いくつもの挫折を乗り越えた努力の人だった。〝夢を叶える継続のコツ〟を実体験から教示
1500円

山中伸弥
平尾誠二・惠子
友情
平尾誠二と山中伸弥「最後の一年」
親友になった二人の前に現れた、がんという強敵。山中が立てた治療計画を信頼し、平尾は壮絶な闘病に挑む。知られざる感動の秘話
1300円

安田祐輔
暗闇でも走る
発達障害・うつ・ひきこもりだった僕が
不登校・中退者の進学塾をつくった理由
学校に行けない子どもや若者の進学を個別指導する日本初の専門塾「キズキ」を起業するまでの感動実話。道を拓く思考法のすべて
1400円

表示価格はすべて本体価格（税別）です。本体価格は変更することがあります。